精装珍藏版

# 大师国学课
## 诗词鉴赏篇

王力 等著

## 图书在版编目（CIP）数据

大师国学课：精装珍藏版. 诗词鉴赏篇／王力等著.
北京：中国经济出版社，2025.1. --（中国文化经典
大师说）. -- ISBN 978 - 7 - 5136 - 7947 - 3

Ⅰ. Z126 - 49

中国国家版本馆 CIP 数据核字第 2024DZ0512 号

责任编辑　张　丽
特约编辑　润墨文化
责任印制　马小宾
封面设计　平　平

| | |
|---|---|
| 出版发行 | 中国经济出版社 |
| 印 刷 者 | 北京鑫益晖印刷有限公司 |
| 经 销 者 | 各地新华书店 |
| 开　　本 | 880 mm×1230 mm　1/32 |
| 印　　张 | 9 |
| 字　　数 | 190 千字 |
| 版　　次 | 2025 年 1 月第 1 版 |
| 印　　次 | 2025 年 1 月第 1 次 |
| 定　　价 | 68.00 元 |

广告经营许可证　京西工商广字第 8179 号

中国经济出版社 网址 http://epc.sinopec.com/epc/　社址 北京市东城区安定门外大街58号 邮编 100011
本版图书如存在印装质量问题，请与本社销售中心联系调换（联系电话：010 - 57512564）

版权所有　盗版必究（举报电话：010 - 57512600）
国家版权局反盗版举报中心（举报电话：12390）　　服务热线：010 - 57512564

我们站立在高高的山巅,化身为一望无边的远景,
化成面前的广漠的平原,化成平原上交错的蹊径。
哪条路,哪道水,没有关联,
哪阵风,哪片云,没有呼应;
我们走过的城市、山川,都化成了我们的生命。
……
我们随着风吹,随着水流,
化成平原上交错的蹊径,化成蹊径上行人的生命。

——冯至

# 编者的话

这是一套面向年轻读者普及优秀国学文化的简明读本,涵盖中国传统文化各个方面,分为八册:国学篇、哲学篇、历史篇、美学篇、国文篇、读书与做人篇、诗词鉴赏篇、文字学启蒙篇。

本系列图书力求从前辈文化大师的经典文章中撷取精华,帮助读者在各个方面对中国文化有一个框架化的认识,并将大师们最富活力和创造力的知识与人生智慧应用于现代读者的日常生活、工作和学习之中。

更重要的是,这套书将带领读者穿越时间的阻隔,接续悠久而厚重的文明脉络,探寻中国人的文化基因,领略优雅、博大、充满思辨精神和生命智慧的传统文化之美……

因写作和出版时代较为久远,本书所选篇目中的一些遣词造句、古今人名、地名、译名等与现代通行出版规范有所不同,一些语法表述及标点符号的使用也有些微差异,为照顾现代读者的阅读体验,在编辑过程中有所改动,正文中不再注明,请读者予以谅解。

需要特别说明的是,本书所选作品,我们已经尽可能一一获取著作权。如存在因疏漏未取得著作权的情况,敬请相关权利人与我们联系,以便我们寄奉稿酬,并致谢忱!

# 目录

## 001/ 古诗词常识

003　怎样学习中国古典诗词——朱光潜

007　谈诗——郁达夫

011　关于诗词格律——王力

033　辞赋——朱自清

041　诗的源流——朱自清

053　《白话唐人七绝百首》序——蔡元培

055　唐人近体诗和曲子词的演化——龙榆生

071　说唐诗——闻一多

156　词之起源——梁启超

160　宋词的两股潮流——龙榆生

## 175/ 诗词鉴赏

177　《古诗十九首》释——朱自清

208　山抹微云秦学士：说秦观《满庭芳》——周汝昌

216　酒旗风飐村烟淡：说秦观《踏莎行》——周汝昌

219　谈白居易和辛弃疾的词四首——朱光潜

227　谈李白诗三首——朱光潜

237　题张氏隐居二首（其二）·杜甫——俞平伯

240　自京赴奉先县咏怀五百字·杜甫——俞平伯

248　温庭筠·十三首——俞陛云

253　范仲淹·一首——沈祖棻

257　晏殊·二首——沈祖棻

263　欧阳修·一首——沈祖棻

266　杜甫——闻一多

# 古诗词常识

# 怎样学习中国古典诗词

朱光潜

中国青年社约我和另外几位同志写一些介绍中国古典诗词的文章,计划是选择一些有代表性的作品,作必要的、简明的注释,详加分析,把好处指点出来,帮助青年朋友们培养阅读古典诗词的兴趣和能力。我欣然接受下了这个任务,因为这是一种有益的而且我也爱做的工作。

青年朋友们现在都渴望把生活弄得丰富些,并且从祖国文艺传统里吸收些经验教训,来丰富自己的创作。青年朋友们要欣赏古典诗歌的希望是很深切而普遍的,只是古典诗歌对于他们多少还是一片待开垦的处女地,他们还没有摸到门径,不知道从何下手,或是怎样下手。因此,在介绍作品之前,对怎样学习古典诗词作一点一般性的入门的介绍,是必要的。

中国有文字记载的诗歌,从《诗经》起,已经有两千多年的历史了。这两千多年的传统是不断发展的,一线相承而又随着时代变化的。它可以粗略地分为三个大阶段:

一、周秦时代,即《诗经》《楚辞》时代,这时代的诗歌大半来自民间，原来是与音乐舞蹈合在一起的。因为来自民间，所以它在创作和流传上都具有很大的集体性；因为与乐舞相伴，所以它大半可歌，有一定的音律。在这时期，四言体（即四字一句）占主导的地位，但变化比较多，到了《楚辞》，句子就比较长些了。

二、汉魏六朝时代，这时代诗歌经过了一个大转变，一方面乐府民歌仍然保持原始诗歌的集体性与可歌性，另一方面诗成为文人的一种专业，文人也吸收了民歌的影响，但不免渐向雕琢方面走，技巧上逐渐成熟，民歌质朴的风味便渐渐减少，诗与乐舞也就渐渐分离了。在这时期，占主导地位的音律是五言体，但是七言也渐渐起来了。

三、唐宋时代，这时期是文人诗的鼎盛时代，除了五古、七古（即五言和七言不讲音义对偶的像汉魏时代那样的诗）达到了高度的成熟之外，承继六朝的影响，五律、七律（即在声音和意义上要求成一联的两句互相对仗）两种体裁也由兴起而渐趋成熟了。原来汉魏以前，诗大半伴乐，诗的音乐主要地要从乐调上见出；魏晋以后，诗既渐与乐分开，诗的音乐就要从诗的文字本身上见出了。这是六朝以后诗讲四声（平上去入；上去入合为仄声）的主要原因。

词也在这个时期由兴起到鼎盛。词本出于教坊（职业歌唱者训练的地方），原来都有一定的乐谱，可以歌唱，后来落到文人手里，也就只是依谱填词，不一定能歌唱了。从诗的发展看，词可以说是从律诗变化来的。后来的曲子又是词的变化。唐宋以后的诗词只能算是唐宋的余波，新的发展很少。

这三大阶段中的作品是浩如烟海的。初学者最好先从选本入手。过去的选本也很多,但是选的人观点不同,大半不很适合现时代的需要。我们希望不久有较好的新的选本陆续出来(例如余冠英的《乐府诗选》)。在适合需要的选本出齐以前,读者不妨暂用过去几种流行较广的选本。

我想到有三种卷帙不多的选本可以介绍给读者。第一种是沈德潜选的《古诗源》,选的尽是唐以前的诗;第二种是蘅塘退士选的《唐诗三百首》,选的尽是唐代各体诗;第三种是张惠言的《词选》,是唐五代宋词的最严格的一个选本(或用唐圭璋的《唐宋词选》亦可)。这几种选本选得都相当精,分量很少。我自己去看,不用一个月就可以全看完。初学者看,时间当然要多费些。不必嫌它太少。学习一门东西有如绘画,先须打一个大轮廓,对全局发展变化有一个总的概略的认识,然后逐渐画细节,施彩色,画出一个有血有肉的生动的人物来。读了这几本选本以后,读者就可以看出哪些诗人是自己特别喜爱的,再找他们的专集去读。

古典诗词大半是用文言写的。读者初来难免遇到一些语言的障碍。这种障碍也并不像一般人所想象的那么大,因为第一流的诗词作者所用的语言尽管精妙,总是很简洁的。有许多名著在过去都有些注本,读者遇到困难时不妨查注本,翻字典,或是请教师友。万一没有这种方便,也不要畏难而退。先找自己基本上能懂得的诗(这是很多的)去读,读多了,自然会找出一些文言的诀窍。了解的能力就会逐渐增加。

凡是好的诗词都不是一霎子就能懂透的。我从小就背诵过许多诗词,这些诗词我这几十年来往往读而又读,可是是否我个个字都懂了呢?绝对不是这样,有许多字义我至今还没有弄清楚,有许多诗的背景我至今还是茫然。但是这个缺陷并不妨碍我对于那些诗词在基本上能了解，能欣赏，而且能得到教益。学习的过程就是变不懂为懂，这当然需要一些时间和努力。

我们对于古典诗词不可能马上就都彻底了解，但是必须要求彻底了解。凡是诗词都是用有音乐性的语言，刻画出一个完整的具体的形象或境界（可能是景，可能是事，也可能是景与事融合在一起），传达出一种情致。读一首诗词就要抓住它的具体形象和情致。要做到这一点，单像读散文故事那样一眼看过去，还不济事。诗词往往是"言有尽而意无穷"的，须加以反复回味，设身处境地体验，才可以逐渐浸润到它的深微地方，领略到它的情感。诗词的情致是和它的有音乐性的语言分不开的，要抓住情致，必须抓住语言的音乐性（例如节奏的高低长短快慢，音色的明暗等等）。语言的音乐性在默读中见不出来，必须朗读，而且反复地朗读，有时低声吟哦，有时高声歌唱。比如读一首歌（例如《歌唱我们的祖国》），只像作报告式地读是不行的，必须拖着嗓子唱出它的调子来，才能领会到它里面的情感。

诗词和我们唱的歌只有一点不同：歌有一定的调子，而多数诗词或是本有一定的调子而现在已经失传，或是根本没有一定的调子。读者只能凭自己体会到的情感，在反复吟诵中把它摸索出来，这也并不是很难的事，时时注意到吟诵的节奏和色调要符合诗的情调就行了。在这过程中读者会发现他原来所体会的那点情感还是浮面的，反复吟诵会使他逐渐进入深微的地方。中国诗词大半都不很长，择自己所爱好的诗词背诵一些，也是一种很有益的训练。

# 谈诗

郁达夫

我不会做诗,尤其不会做新诗,所以新诗的能否成立,或将来的展望等,都谈不上。似闻周作人先生说,中国的新诗,成绩并不很好。但周先生的意思,不是说新诗可以不要,或竟教人家不要去做。以成绩来讲,中国新文学的里面,自然新诗的成绩比较得差些。可是新的感情、新的对象、新的建设与事物,当然要新的诗人才歌唱得出,如以五言八韵或七律七绝,来咏飞机汽车、大马路的集团和高楼、四马路的妓女、机器房的火夫、失业的人群等,当然是不对的。不过新诗人的一种新的桎梏,如豆腐干体、十四行诗体、隔句对、隔句押韵体等,我却不敢赞成。因为既把中国古代的格律死则打破了之后,重新去弄些新的枷锁来戴上,实无异于出了中国牢后,再去坐西牢;一样的是牢狱,我并不觉得西牢会比中国牢好些。

至于新诗的将来呢,我以为一定很有希望,但须向粗大的方面走,不要向纤丽的方向钻才对。亚伦坡(今译爱伦·坡)的鬼气阴森的诗律,原是可爱的;但霍脱曼(今译惠特曼)的《大道之歌》(今译《大路之歌》),对于新解放的民族,一定更能给予些鼓励与激刺。

中国的旧诗,限制虽则繁多,规律虽则严谨,历史是不会中断的。过去的成绩,就是所谓遗产,当然是大家所乐为接受的,可以不必再说;到了将来,只教中国的文字不改变,我想着洋装,喝着白兰地的摩登少年,也必定要哼哼唧唧地唱些五个字或七个字的诗句来消遣,原因是因为音乐的分子,在旧诗里为独厚。

当然,新诗里——就是散文里,也有一种自然的韵律,含有在那里的;但旧诗的韵律,唯其规则严了,所以排列得特别好。不识字的工人,也会说出一句"今朝有酒今朝醉"来的道理,就在这里。王渔洋(王士禛)的声调神韵,可以风靡一代;民谣民歌,能够不胫而走的原因,一大半也就在这里。

除了声调韵律而外,若要讲到诗中所含之"义",就是实体的内容,则旧诗远不如新诗之自在广博。清朝乾嘉时候有一位赵翼(瓯北),光绪年间有一位黄遵宪(公度),曾试以旧式古体诗来述新思想、新事物,但结果终觉得是不能畅达,断没有现在的无韵新诗那么地自由自在。还有用新名词入旧诗,这两位原也试过,近代人如梁任公(启超)等,更加喜欢这一套玩意儿,可是半新不旧,即使勉强造成了五个字或七个字的爱皮西提(英语字母 ABCD 的汉译谐音),也终觉得碍眼触目,不大能使读者心服的。

旧诗的一种意境,就是古人说得很渺茫的所谓"香象渡河,羚羊挂角"无迹可求的那一种弦外之音,新诗里比较得少些。唐司空表圣(司空图)的《二十四诗品》,所赞扬的,大抵是在这一方面。如冲淡,如沉着,如典雅高古,如含蓄,如疏野清奇,如委曲、飘逸、流动之类的神趣，新诗里要少得多。这与形式、工具、格律原有关系，但最大的原因，还是在乎时代与意识之上。今人不能做陶韦（陶渊明、韦应物）的诗，犹之乎陶韦的不能做《离骚》一样，诗人的气禀，原各不同，但时代与环境的影响，怎么也逃不出的。

近代人既没有那么地闲适，又没有那么地冲淡，自然作不出古人的诗来了；所以我觉得今人要作旧诗，只能在说理一方面，使词一方面，排韵炼句一方面，胜过前人，在意境这一方面，是怎么也追不上汉魏六朝的；唐诗之变而为宋诗，宋诗之变而为词曲，大半的原因，也许是为此。

旧诗各体之中，古诗要讲神韵意境，律诗要讲气魄对仗，近代人都不容易作好。唯有绝诗，字数既少，更可以出奇制胜，故而作者较多。今后中国的旧诗，我想绝句的成绩，总要比其他各体来得好些，亦犹之乎词中的小令，出色的比较多，比较普遍也。

作诗的秘诀，新诗方面，我不晓得，旧诗方面，于前人的许多摘句图、声调谱、诗话诗说之外，我觉得有两种法子，最为巧妙。其一，是辞断意连；其二，是粗细对称。近代诗人中，唯龚定庵（龚自珍），最善于用这秘法。如"终胜秋燐亡姓氏，沙涡门外五尚书"，"近来不信长安隘，城曲深藏此布衣"，"只今绝学真成绝，册府苍凉六幕孤"，"为恐刘郎英气尽，卷帘梳洗望黄河"，"梦断查湾一角青"，"自障纨扇过旗亭"，"苍茫六合此微官"之类，都是暗用此法，句子就觉得非常生动了。

古人之中，杜工部（杜甫）就是用此法而成功的一个。我们试把他的《咏明妃村》（《咏怀古迹五首·其三》）的一首诗举出来一看，就可以知道。

咏怀古迹

群山万壑赴荆门，生长明妃尚有村。
一去紫台连朔漠，独留青冢向黄昏。
画图省识春风面，环珮空归月夜魂。
千载琵琶作胡语，分明怨恨曲中论。

头一句诗是何等地粗雄浩大，第二句却收小得只成一个村落。第三句又是紫台朔漠，广大无边，第四句的黄昏青冢，又细小纤丽，像大建筑物上的小雕刻。

今年在北平，遇见新自欧洲回国的美学家邓叔存，谈到此诗，他钦佩到了极顶，我说此诗的好处，就在粗细的对称，辞断而意连，他也点头称然。还有杜工部的近体，细看起来，总没有一首不是如此的。譬如，在夔州作的《登高》一首：

风急天高猿啸哀，渚清沙白鸟飞回。
无边落木萧萧下，不尽长江滚滚来。
万里悲秋常作客，百年多病独登台。
艰难苦恨繁霜鬓，潦倒新停浊酒杯。

又何尝不然。总之，人的性情，是古今一样的，所用的几个字，也不过有多少之分，大抵也差不到几千几万。而严沧浪（严羽）所说的"诗有别才，非关学也"，几微之处，就在诗人的能用诀窍，运古常新的一点。

# 关于诗词格律

王 力

## 一、韵语的起源及其流变

诗歌起源之早,是出于一般人想象之外的。有些人以为先有散文,后有韵文。这是最靠不住的说法。因为人类创造了文字之后,文化的发展已经达到了相当的程度,当然韵文和散文可以同时产生。韵文以韵语为基础,而韵语的产生远在文字的产生之前,这是毫无疑义的。相传尧帝的时候有一首《康衢歌》(一作《康衢谣》):

　　立我臣民,莫匪尔极,
　　不识不知,顺帝之则。(《列子·仲尼篇》)

又有一首《击壤歌》:

日出而作，日入而息；
凿井而饮，耕田而食。
帝力何有于我哉？　　　（《帝王世纪》）

我们当然不相信这两首诗是尧时的民歌。前者是凑合《诗经·周颂·思文》的两句和《大雅·皇矣》的两句而成的，且不要管它。后者的风格似乎也在战国以后，不过，它也不会太晚，因为它用的韵是古韵"之"部字，以"息、食、哉"为韵，这种古韵绝不是汉以后的人所能伪造的。依我们的猜想，它也许是战国极乱的时代，仰慕唐虞盛世的人所假托的。同样假托的诗还有一首《南风歌》，相传为帝舜所作：

南风之薰兮，可以解吾民之愠兮；
南风之时兮，可以阜吾民之财兮。
　　　（《圣证论》引《尸子》，又《家语》）

我们不必因为它的出典不古，就怀疑到它的本身不古；这种诗歌很可能是口口相传下来的。试看它以"时、财"为韵，这种古韵也绝不是汉以后的人所能伪造的（伪造古韵最难，因为直至明末陈第以前，并没有人意识到古今音韵的不同）。

总之，尧舜时代虽不一定能有这种风格的诗，却一定已经有了诗歌的存在，假使这尧舜时代本身存在的话。

至于韵语，它在上古时代的发达，更是后代所不及的。这里所谓韵语，除了诗歌之外，还包括格言、俗谚，及一切有韵的文章。譬如后代的汤头歌诀和六言告示,它们是韵语,却不是诗歌。古人著理论的书,有全部用韵语的,例如《老子》。有部分用韵语的,如《荀子》《庄子》《列子》《文子》《吕氏春秋》《淮南子》《法言》等。

文告和卜易铭刻等,也掺杂着韵语,例如《尚书》《易经》和周代的金石文字。许多"嘉言",是藉着有韵而留传下来的,例如《孟子·滕文公上》所引放勋(尧)的话:

劳之,来之,
匡之,直之,
辅之,翼之,
使自得之;
又从而振德之。

"来、直、翼、得、德"是押韵的。至于格言、俗谚之类,就更以有韵为常了。例如:

畏首畏尾,
身其余几!(《左传·文公十七年》)

又如:

虽有智慧,不如乘势;
虽有镃基,不如待时。

(《孟子·公孙丑上》)

兵法如《三略》《六韬》，医书如《灵枢》《素问》，都有大部分的韵语。这些书虽不是先秦的书，至少是模仿先秦的风格而作的，于此可见韵语在上古是怎样的占优势了。

诗歌及其他韵文的用韵标准，大约可分为三个时期，如下：

唐以前为第一期。在此时期中，完全依照口语而押韵。

唐以后，至"五四运动"以前为第二期。在此时期中，除了词曲及俗文学之外，韵文的押韵，必须依照韵书来押韵，不能专以口语为标准。

"五四运动"以后为第三期。在此时期中，除了旧体诗之外，又回到第一期的风气，完全以口语为标准。

现在先说第一期。所谓完全依照口语来押韵，自然是以当时的口语为标准。古今语音的不同，是清代以后的音韵学家所公认的。所以咱们读上古的诗歌的时候，必须先假定每字的古音是什么，然后念起来才觉得韵脚的谐和。

例如《诗经·秦风·蒹葭》：

蒹葭采采，白露未已。
所谓伊人，在水之涘。
溯洄从之，道阻且右。
溯游从之，宛在水中沚。

……总之，这些字在上古的主要元音一定相同（至少是相近），如果照今天的语音念起来，那简直是没有韵脚的诗了。

汉代的用韵较宽。这有两个可能的原因：第一是押韵只求近似，并不求其十分谐和；第二是偶然模仿古韵，以致古代可押的也押，当代口语可押的也押，韵自然宽了。到了六朝，用韵又渐渐趋向于严。这是时代的风气，和实际口语韵部的多少是没有关系的。

现在说到第二期。六朝时代，李登《声类》、吕静《韵集》、夏侯该《韵略》一类的书，虽然想作为押韵的标准，但因为是私家的著作，没法子强人以必从。隋陆法言的《切韵》，假使没有唐代的科举来抬举它，也会遭遇《声类》等书同一的命运。后来《切韵》改称《唐韵》，可说是变成了官书，它已经成为押韵的标准，尤其是近体诗押韵的标准。

《唐韵》共有二百零六个韵，但是，唐朝规定有些韵可以同用，凡同用的两个或三个韵，作诗的人就把它们当作一个韵看待，所以实际上只有一百一十二个韵。到了宋朝，《唐韵》改称《广韵》，其中文韵和欣韵，吻韵和隐韵，问韵和焮韵，物韵和迄韵，都同用了，实际上剩了一百零八个韵。到了元末，索性泯灭了二百零六韵的痕迹，把同用的韵都合并起来，又毫无理由地合并了迥韵和拯韵，径韵和证韵，于是只剩了一百零六个韵。这一百零六个韵就是普通所谓"诗韵"，一直沿用至今。

唐朝初年（所谓初唐），诗人用韵还是和六朝一样，并没有以韵书为标准。大约从开元、天宝以后，用韵才完全依照了韵书。何以见得呢？譬如《唐韵》里的支、脂、之三个韵虽然注明"同用"，但是初唐的实际语音显然是脂和之相混，而支韵还有相当的独立性，所以初唐的诗往往是脂、之同用，而支独用（盛唐的杜甫犹然）。又如江韵，在陈隋时代的实际语音是和阳韵相混了，所以陈隋的诗人有以江、阳同押的；到了盛唐以后，反倒严格起来，江、阳绝对不能相混，这显然是受了韵书的拘束。

其他像元韵和先、仙，山韵和先、仙，在六朝是相通的，开元、天宝以后的今体诗也不许相通了。这一切都表示唐以后的诗歌用韵不复是纯任天籁，而是以韵书为准。虽然有人反抗过这种拘束起来革命，终于敌不过科举功令的势力。

词曲因为不受科举的拘束，所以用韵另以口语为标准。但是，词是所谓"诗余"，曲又有人称为"词余"。本文所讲的诗律指的是广义的诗，所以对于词律和曲律也将同样地讨论到。

末了说到第三期。新诗要求解放，当然首先摆脱了韵书的拘束。但是，这上头却引起了方音的问题。从前依据韵书，获得了一个武断的标准，倒也罢了。现在用韵既然以口语为标谁，而汉语方音又这样复杂，到底该以什么地方的语音为标准呢？在今天，我们肯定了普通话以北京语音为标准音，但是在当时并没有这个规定。

遇到作者不是北方人的时候，他的诗常常不知不觉地用了一些方音来押韵，我们用北京音去读就不免有些不大谐和的地方。例如真韵和庚韵，依照西南官话和吴方言，是可以通用的，若依北方话就不大谐和。屋韵和铎韵，歌韵和模韵，依照大部分的吴语是可以通用的，若依北方话也不谐和。

由此看来，除非写方言的白话诗，否则还应该以一种新的诗韵为标准。这种新诗韵和旧诗韵的性质并不相同：旧的诗韵是武断的（最初也许武断性很小，宋以后就大大地违反口语了），新的诗韵是以现代的北京实际语音为标准的。这样，才不至于弄成四不像的韵语。

## 二、平仄和对仗

平仄和对仗，是近体诗中最讲究的两件事；古体诗中，也不能完全不讲究它们。新诗虽然是一切都解放了，但是，就汉语来说，有了字音就不可能没有平仄，单音词多了也很容易形成整齐的对仗。新诗虽然不受它们的约束，却也还有许多诗人灵活地运用它们。因此，在未谈诗律以前，先谈一谈什么叫作平仄和对仗，也不是没有用处的。

平仄是一种声调的关系。相传沈约最初发现在汉语里共有四个声调，就是平声、上声、去声和入声；又相传"仄声"这个名称也是沈约起的。有人说，"仄"就是"侧"，"侧"就是不平。仄声和平声相对立，换句话说，仄声就是上、去、入三声的总名。依近体诗的规矩，是以每两个字为一个节奏，平仄递用。假定一句诗的第一、第二字是平声，那么，第三、第四字就应该都是仄声；如果第一、第二字都是仄声，第三、第四字就应该都是平声。

现在咱们要讨论的，有两个问题：第一，为什么上、去、入三声合成一类（仄声），而平声自成一类？第二，为什么平仄递用可以构成诗的节奏？

关于第一个问题，咱们应该先知道声调的性质。声调自然是以"音高"（pitch）为主要的特征，但是长短和升降也有关系。依中古声调的情形看来，上古的声调大约只有两大类，就是平声和入声。中古的上声最大部分是平声变来的，极小部分是入声变来的；中古的去声大部分是入声变来的，小部分是平声变来的

（或者是由平声经过了上声再转到去声）。等到平、入两声演化为平、上、去、入四声这个过程完成了的时候，依我们的设想，平声是长的，不升不降的；上、去、入三声都是短的，或升或降的。这样，自然地分为平仄两类了。

"平"字指的是不升不降，"仄"字指的是不平（如山路之险仄），也就是或升或降。（"上"字应该指的是升，"去"字应该指的是降，"入"字应该指的是特别短促。古人以为"平、上、去、入"只是代表字，没有意义，现在想来恐不尽然。）如果我们的设想不错，平仄递用也就是长短递用，平调与升降调或促调递用。

关于第二个问题，和长短递用是有密切关系的。英语的诗有所谓轻重律和重轻律。英语是以轻重音为要素的语言，自然以轻重递用为诗的节奏。如果像希腊语和拉丁语，以长短音为要素的，诗歌就不讲究轻重律或重轻律，反而讲究短长律或长短律了。（希腊人称一短一长律为 iambus，一长一短律为 trochee，二短一长律为 anapest，一长二短律为 dactyl，英国人借用这四个术语来称呼轻重律和重轻律，这是不大合理的。）

由此看来，汉语近体诗中的"仄仄平平"乃是一种短长律，"平平仄仄"乃是一种长短律。汉语诗律和西洋诗律当然不能尽同，但是它们的节奏的原则是一样的。

五言古诗虽然不很讲究平仄，但五平调或四平调仍是尽可能地避免的，否则就嫌单调了。五仄调或四仄调比较地常见，因为仄声还有上、去、入的分别，它们或升，或降，或特别短促，就不十分单调。

近体诗喜欢用平声做韵脚，因为平声是一个长音，便于曼声歌唱的缘故。这恰像英诗里轻重律多于重轻律，希腊、拉丁诗里短长律多于长短律。在英诗或希腊、拉丁诗里，有些诗虽然本来是用重轻律或长短律的，也喜欢用重音或长音收尾，叫作不完全律（catalectic），大约也是使它较便于曼声歌唱的缘故。

跟着历史的变迁，近代的声调的实际音高也不能和中古相同，所以人民口头创作只能依据实际语音，不能再沿用中古的平仄。现代新诗如果要运用平仄，自然也只能以现代的实际语音为标准，例如北京语音里没有入声，平声分为阴阳两类，又有一种轻声，是否仍应该另行发现节奏的规律，这却是现代诗人所应研究的了。

对仗，大致说起来，就是语言的排偶或骈俪。"仗"字的意义是从仪仗来的；仪仗两两相对，所以两两相对的语句叫作对仗。对仗既是排偶的一种，让我们先谈排偶。自从有了语言，也就有了排偶，因为人事和物情有许多是天然相配的。古今中外，都有许多排偶的语言，例如下面所引的英文诗：

One shade the more, one ray the less,
……
The smiles that win, the tints that glow.
——拜伦（Byron）

My boat is on the shore,

And my bark is on the sea.

——拜伦（Byron）

Some had shoes, but all had rifles.

——亨利（Henley）

但是，汉语的排偶却有一种特性：因为汉语是单音语，所以排比起来可以弄得非常整齐，一音对一音，不多不少。有了这种特性，汉语的骈语就非常发达。无论韵文或散文，都有无数的例子，例如：

就其深矣，方之舟之。
就其浅矣，泳之游之。　（《诗经·邶风·谷风》）
谁谓尔无羊，三百维群。
谁谓尔无牛，九十其犉。（《诗经·小雅·无羊》）
用之则行，舍之则藏。　（《论语·述而》）
食不厌精，脍不厌细。　（《论语·乡党》）

这可以称为不避同字的骈语，古书中不胜枚举。其后渐渐倾向于避同字，尤其是近体诗的对仗必须避同字。不过，避同字的骈语在上古也不乏其例，例如：

喓喓草虫，趯趯阜螽。　（《诗经·召南·草虫》）
觏闵既多，受侮不少。　（《诗经·邶风·柏舟》）

青青子衿，悠悠我心。　　（《诗经·郑风·子衿》）
南山崔崔，雄狐绥绥。　　（《诗经·齐风·南山》）
在其板屋，乱我心曲。　　（《诗经·秦风·小戎》）
乘肥马，衣轻裘。　　　　（《论语·雍也》）
草木畅茂，禽兽繁殖。　　（《孟子·滕文公上》）
上食槁壤，下饮黄泉。　　（《孟子·滕文公下》）

到了六朝，骈俪的风气更盛。赋和骈体文，是避同字的骈语和不避同字的骈语同时并用的。但当其不避同字的时候，只能限于"之、而、以、于"一类的虚字了。例如：

遵四时以叹逝，瞻万物而思纷；悲落叶于劲秋，喜柔条于芳春；心懔懔以怀霜，志眇眇而临云；咏世德之骏烈，诵先人之清芬。

（陆机《文赋》）

夫百节成体，共资荣卫；万趣会文，不离辞情。

（刘勰《文心雕龙·熔裁篇》）

汉魏六朝的古诗，也像赋和骈体文一样，有时避同字，有时不避同字。例如：

齐心同所愿，含意俱未申。　　（《古诗十九首》）
去者日以疏，来者日以亲。　　（《古诗十九首》）
昔为鸳与鸯，今为参与辰。　　（苏子卿诗）

长裾连理带,广袖合欢襦。　　　　　(辛延年《羽林郎》)
君若清路尘,妾若浊水泥。　　　　　(曹植诗)
著论准过秦,作赋拟子虚。　　　　　(左思《咏史》)
孤鸿号外野,翔鸟鸣北林。　　　　　(阮籍《咏怀》)

唐以后的古体诗,自然都依照这个规矩。但是,近体诗里的对仗,却和古体诗里的骈语颇有不同。

近体诗的对仗之所以不同于普通的骈语,因为它有两个特点:第一,它一定要避同字,不能再像"去者日以疏,来者日以亲";第二,它一定要讲究平仄相对(平对仄、仄对平),不能再像"著论准过秦,作赋拟子虚"。例如:

共载皆妻子,同游即弟兄。
(白居易《江州赴忠州,至江陵已来舟中示舍弟五十韵》)
门前巷陌三条近,墙内池亭万境闲。

(刘禹锡《题王郎中宣义里新居》)

对仗有宽对和工对的分别:宽对只要以名词对名词、动词对动词、形容词对形容词,就成;工对必须把事物分为若干种类,只用同类的词相对。

讲到近体诗的对仗,我们应该顺带谈一谈对联(普通所谓对子)。

对联其实就是来自近体诗的对仗,不过对联更趋向于工对。再者,对联的节奏也有更多的变化,字数也可任意延长,也可偶然不避同字。例如前人集王羲之《兰亭序》字的对联：

丝竹放怀春未暮；
清和为气日初长。
静坐不虚兰室趣；
清游自带竹林风。

以上是依照近体诗的节奏的。

得趣—在—形骸—以外；
娱怀—于—天地—之初。
寄兴—在—山亭—水曲；
怀人—于—日暮—春初。
清气—若兰—虚怀—当竹；
乐情—在水—静趣—同山。

以上是超出近体诗节奏之外的。

又相传有妇人挽其夫云：

二十年贫病交加，纵我留君生亦苦；
七千里翁姑待葬，因君累我死犹难。

上半"年""里"二字顿，"病""姑"二字顿，超出近体诗节奏之外，下半完全依照近体诗的节奏。

又如韦苏州祠联：

唐史传偏遗，合循吏儒林，读书不碍中年晚；
苏州官似谥，本清才名德，卧理能教末俗移。

上半和下半都完全依照近体诗的节奏，只有中半"吏""才"二字顿，超出了近体诗的节奏之外。

前面所讲的韵语，是人类诗歌的共性；这里所讲的平仄和对仗，是汉语诗歌的特性。再看了下面所讲诗句的字数，对于汉语的诗律，可以得到一个轮廓了。

### 三、诗句的字数

汉语每字只有一个音节，所以汉语诗句的字数也就是诗句的音数。在西洋，诗句的音数极为人们所重视：英诗每句普通是八个音或十个音，法诗每句往往多至十二个音。严格地说，西洋诗里不该论句，只该论行，因为每句不一定只占一行（句未完而另起一行者，叫作"跨行"，enjambement），每行也不一定只容一句。每行的末一个音节才押韵，所以西洋诗论句是没有意义的。汉语的诗押韵总在句末，没有跨行；虽然也有合两句意义始足的例子，但依汉人的心理，仍然可以当作两句看待，所以汉语的诗是可以论句的。

依普通的说法，汉语的诗是由四言、五言而演变至于七言。虽然汉语诗句的字数有少至二言，多至十一言的，不过，少于四言或多于七言的句子只是偶然插入于四言诗、五言诗或七言诗中，并不能全篇一律用二言或三言、九言或十一言。全篇用三言的诗歌，只有汉代的歌谣，如《郊祀歌》等。例如《汉书·礼乐志》里的《天马歌》：

> 太一况，天马下。
> 沾赤汗，沫流赭。
> 志俶傥，精权奇。
> 策浮云，晻上驰。
> 体容与，迣万里。
> 今安匹，龙为友。

但是，如果我们不把帮助语气的虚字计算在内，《诗经·陈风》里头还可以找得出一篇三言诗的例子：

> 月出皎兮，佼人僚兮。
> 舒窈纠兮，劳心悄兮！
> 月出皓兮，佼人懰兮。
> 舒忧受兮，劳心慅兮！
> 月出照兮，佼人燎兮。
> 舒夭绍兮，劳心惨兮！
>
> （《诗经·陈风·月出》）

至于四言诗里掺杂着二言、三言的，《诗经》里可就多了。例如：

鱼丽于罶,鲿鲨。

君子有酒,旨且多。

(《诗经·小雅·鱼丽》)

冬之夜,夏之日。

百岁之后,归于其室。

(《诗经·唐风·葛生》)

墙有茨,不可埽也。

中冓之言,不可道也。

所可道也,言之丑也。

(《诗经·鄘风·墙有茨》)

祈父,亶不聪。

胡转予于恤,有母之尸饔。

(《诗经·小雅·祈父》)

椒聊之实,蕃衍盈升。

彼其之子,硕大无朋。

椒聊且,远条且!

(《诗经·唐风·椒聊》)

《诗经》以四言为主,但是有些地方已经掺杂着五言、六言和七言。例如:

扬之水,不流束薪。

彼其之子,不与我戍申。

怀哉,怀哉,

曷月予还归哉?

(《诗经·王风·扬之水》)

哀哉为犹,匪先民是程,
匪大犹是经。
维迩言是听,维迩言是争。
如彼筑室于道谋,是用不溃于成。

(《诗经·小雅·小旻》)

在《楚辞》中,我们看见了许多五言、六言和七言(八言以上的都可以分为两句读);如果"兮"字不算,则五言可认为四言,六言可认为五言,七言可认为六言,八言可认为七言。我们不能说《楚辞》就是五言诗和七言诗的开始:第一,因为有这"兮"字的难题;第二,因为大多数的诗篇都未能全篇一律,如七言中杂有五言,八言中杂有六言,等等。

一般人以为五言诗始于李陵《与苏武诗》,换句话说,就是始于西汉。《古诗十九首》有人说是枚乘所作,也是始于西汉。但是,又有人疑心李陵的诗是伪托,《古诗十九首》也不是枚乘所作。这样,真正全篇五言的五言诗也许是出于东汉,大约在公元1世纪至2世纪之间。

至于七言诗,也有人说是始于西汉。相传《柏梁诗》是汉武帝和群臣联句,原文是:

日月星辰和四时。骖驾驷马从梁来。

郡国士马羽林材。总领天下诚难治。
和抚四夷不易哉。刀笔之吏臣执之。
撞钟伐鼓声中诗。宗室广大日益滋。
周卫交戟禁不时。总领从官柏梁台。
平理请谳决嫌疑。修饬舆马待驾来。
郡国吏功差次之。乘舆御物主治之。
陈粟万石扬以箕。徼道宫下随讨治。
三辅盗贼天下危。盗阻南山为民灾。
外家公主不可治。椒房率更领其材。
蛮夷朝贺常会期。柱枅欂栌相枝持。
枇杷橘栗桃李梅。走狗逐兔张罘罳。
啮妃女唇甘如饴。迫窘诘屈几穷哉。

这诗也有人疑心是伪作。但从押韵上说，之、哈同部，正是先秦古韵，可见这即使不出于武帝时代，也不会相差太远。其中只有一个"危"字出韵；"危"字在先秦是支部或脂部字。这适足以证明支、脂、之三部在汉代的音值已渐渐接近，可以勉强同用了。

此外，汉代的七言诗还有一些例子：

秋素景兮泛洪波，挥纤手兮折芰荷。
凉风凄凄扬棹歌，云光开曙月低河。
万岁为乐岂云多！

（汉昭帝《淋池歌》）

天长地久岁不留，俟河之清只怀忧。
愿得远度以自娱，上下无常穷六区。
超逾腾跃绝世俗，飘飘神举逞所欲。
天不可阶仙夫希，《柏舟》悄悄客不飞。
松乔高跱孰能离，结精远游使心携。
回志揭来从玄諆，获我所求夫何思！

（张衡《思玄赋》）

近世双笛从羌起，羌人伐竹未及已。
龙鸣水中不见己，截竹吹之声相似。
剡其上孔通洞之，裁以当籥便易持。
易京君明识音律，故本四孔加以一。
君明所加孔后出，是谓商声五音毕。

（马融《长笛赋》）

这几篇诗也很合于古韵：除"娱、区、离、携"可认为汉韵外（"娱"属古韵鱼部，"区"属古韵侯部，"离"字属歌部，"携"字属支部），其余都是和先秦韵部相符的（"希、飞"属微部，"諆、思"属之部，"希、飞、离、携、諆、思"应认为转韵，不可认为通韵；"起、已、己、似、之、持"属之部，"律、出"属物部，"一、毕"属质部）。"歌""微"通韵，在《楚辞》中已是常见，可见这两篇诗一定不是伪作。

由此看来，七言诗的起源，似乎比五言诗更早，至少是和五言诗同时，这是颇可怪的一件事。其实这上头有一个很重要的问题,是必须分辨清楚的。原来韵文的要素不在于句,而在于韵。有了韵脚,韵文的节奏就算有了一个安顿;没有韵脚,虽然成句,诗的节奏还是没有完。

依照这个说法,咱们研究诗句的时候,应该以有韵脚的地方为一句的终结,若依西洋诗式,就是一行的终结(在本书里,我们录引诗歌的时候,就以此为分行的标准;唯在六十字以上的长篇,则两句或数句一行,以省篇幅)。那么,像《古诗十九首》隔句为韵,就等于以十个字为一句(诗句)。例如:

涉江采芙蓉,兰泽多芳草。
采之欲遗谁?所思在远道。
还顾望旧乡,长路漫浩浩。
同心而离居,忧伤以终老。

汉代的七言诗句句为韵,就只有七个字一句,比隔句为韵的五言诗反倒显得短了。这种七言诗即使出于五言诗以前,也毫不足怪。事实上,从《柏梁诗》直到魏文帝的《燕歌行》,都是句句为韵的。例如:

秋风萧瑟天气凉,草木摇落露为霜,
群燕辞归鹄南翔。念君客游思断肠,
慊慊思归恋故乡,何为淹留寄他方。
贱妾茕茕守空房,忧来思君不敢忘,
不觉泪下沾衣裳。援琴鸣弦发清商,

> 短歌微吟不能长。明月皎皎照我床,
> 星汉西流夜未央,牵牛织女遥相望,
> 尔独何辜限河梁。
>
> (曹丕《燕歌行》)

依现存史料观察,直到鲍照,才有隔句为韵的七言诗。例如:

> 奉君金卮之美酒,玳瑁玉匣之雕琴。
> 七彩芙蓉之羽帐,九华蒲萄之锦衾。
> 红颜零落岁将暮,寒光宛转时欲沉。
> 愿君裁悲且减思,听我抵节行路吟。
> 不见柏梁铜雀上,宁闻古时清吹音。
>
> (鲍照《拟行路难》)

由此看来,真正的七言诗(如唐代七言诗的常体)是起于南北朝,约在公元5世纪。

西洋诗普通是每行八个音至十二个音,汉语的诗每句是四言至七言,比较起来,似乎西洋诗的"气"比汉语诗的"气"长些。实际上恰恰相反:若依一韵为一行的说法,隔句为韵的汉语诗,四言即等于八个音一行,五言即等于十个音一行,七言即等于十四个音一行,七言诗的"气"比西洋十二音诗(亚历山大式)的"气"还要长些呢。

末了,我们要谈一谈杂言诗,也就是长短句。无论汉语诗或西洋诗,每句或每行音数相等者总算是正体,音数不相等者(长短句)总算是变体。但是汉语诗的长短句来源很早,《诗经》里就有了。例如上面所举的《鱼丽》《葛生》《墙有茨》《祈父》《椒聊》《扬之水》《小旻》等篇都是。此外又如:

> 式微,式微,
> 胡不归?
> 微君之故,
> 胡为乎中露?
>
> (《诗经·邶风·式微》)

唐以后的杂言诗大致可分为两种:一种是在七言诗中偶然掺杂着少数的五言或三言;另一种是在七言诗中随意运用三言、四言、五言、六言,甚至于少到二言,多到八言、九言、十一言,极错综变化之妙,颇可称为有韵的散文。有一点应该注意的,就是在许多分类的诗集中,并没有杂言这一个项目;像上面所述的两种杂言诗也一律都称为七言。

# 辞赋

朱自清

屈原是我国历史里永被纪念着的一个人。旧历五月五日端午节，相传便是他的忌日；他是投水死的，竞渡据说原来是表示救他，粽子原来是祭他的。现在定五月五日为诗人节，也是为了纪念的缘故。他是个忠臣，而且是个缠绵悱恻的忠臣；他是个节士，而且是个浮游尘外、清白不污的节士。"举世皆浊而我独清，众人皆醉而我独醒"，他的身世是一出悲剧。可是他永生在我们的敬意尤其是我们的同情里。

"原"是他的号，"平"是他的名字。他是楚国的贵族，怀王时候，做"左徒"的官。左徒好像现在的秘书。他很有学问，熟悉历史和政治，口才又好。一方面参赞国事，一方面给怀王见客，办外交，头头是道。怀王很信任他。

当时楚国有亲秦、亲齐两派，屈原是亲齐派。秦国看见屈原得势，便派张仪买通了楚国的贵臣上官大夫、靳尚等，在怀王面前说他的坏话。怀王果然被他们所惑，将屈原放逐到汉北去。张仪便劝怀王和齐国绝交，说秦国答应割地六百里。楚和齐绝了交,张仪却说答应的是六里。怀王大怒,便举兵伐秦,不料大败而归。这时候想起屈原来了,将他召回,教他出使齐国。亲齐派暂时抬头。但是亲秦派不久又得势。怀王终于让秦国骗了去,拘留着,就死在那里。这件事是楚人最痛心的,屈原更不用说了。可是怀王的儿子顷襄王,却还是听亲秦派的话,将他二次放逐到江南去。他流浪了九年,秦国的侵略一天紧似一天;他不忍亲见亡国的惨象,又想以一死来感悟顷襄王,便自沉在汨罗江里。

《楚辞》中《离骚》和《九章》的各篇,都是他放逐时候所作。《离骚》尤其是千古流传的杰构。这一篇大概是二次被放时作的。他感念怀王的信任,却恨他糊涂,让一群小人蒙蔽着,播弄着。而顷襄王又不能觉悟;以致国土日削,国势日危。他自己呢,"信而见疑,忠而被谤",简直走投无路;满腔委屈,千端万绪的,没人可以诉说。终于只能告诉自己的一支笔,《离骚》便是这样写成的。

"离骚"是"别愁"或"遭忧"的意思。他是个富于感情的人,那一腔遏抑不住的悲愤,随着他的笔奔迸出来,"东一句,西一句,天上一句,地下一句",只是一片一段的,没有篇章可言。这和人在疲倦或苦痛的时候,叫"妈呀!""天哪!"一样;心里乱极了,闷极了,叫叫透一口气,自然是顾不到什么组织的。

篇中陈说唐、虞、三代的治,桀、纣、羿、浇的乱,善恶因果,历历分明;用来讽刺当世,感悟君王。他又用了许多神话里的譬喻和动植物的譬喻,委曲地表达出他对于怀王的忠爱,对于贤人君子的向往,对于群小的深恶痛疾。他将怀王比作美人,他是"求之不得","辗转反侧";情辞凄切,缠绵不已。他又将贤臣比作香草。"美人香草"从此便成为政治的譬喻,影响后来解诗作诗的人很大。

汉淮南王刘安作《离骚传》说:"《国风》好色而不淫,《小雅》怨诽而不乱,若《离骚》者可谓兼之矣。""好色而不淫"似乎就指美人香草用作政治的譬喻而言;"怨诽而不乱"是怨而不怒的意思。虽然我们相信《国风》的男女之辞并非政治的譬喻,但断章取义,淮南王的话却是《离骚》的确切评语。

《九章》的各篇原是分立的,大约汉人才合在一起,给了"九章"的名字。这里面有些是屈原初次被放时作的,有些是二次被放时作的。差不多都是"上以讽谏,下以自慰";引史事,用譬喻,也和《离骚》一样。《离骚》里记着屈原的世系和生辰,这几篇里也记着他放逐的时期和地域;这些都可以算是他的自叙传。

他还作了《九歌》《天问》《远游》《招魂》等,却不能算自叙传,也"不皆是怨君";后世都说成怨君,便埋没了他的别一面的出世观了。他其实也是一"子",也是一家之学。这可以说是神仙家,出于巫。《离骚》里说到周游上下四方,驾车的动物,驱使的役夫,都是神话里的。《远游》更全是说的周游上下四方的乐处。这种游仙的境界,便是神仙家的理想。

《远游》开篇说"悲时俗之迫厄兮,愿轻举而远游",篇中又说,"临不死之旧乡"。人间世太狭窄了,也太短促了,人是太不自由自在了。神仙家要无穷大的空间,所以要周行无碍;要无穷久的时间,所以要长生不老。他们要打破现实的、有限的世界,用幻想创出一个无限的世界来。在这无限的世界里，所有的都是神话里的人物；有些是美丽的，也有些是丑怪的。《九歌》里的神大都可爱；《招魂》里一半是上下四方的怪物，说得顶怕人的，可是一方面也奇诡可喜。因为注意空间的扩大，所以对于天地山川日月星辰，在在都有兴味。

《天问》里许多关于天文地理的疑问，便是这样来的。一面惊奇天地之广大，一面也惊奇人事之诡异——善恶因果，往往有不相应的；《天问》里许多关于历史的疑问，便从这里着眼。这却又是他的入世观了。

要达到游仙的境界，须要"虚静以恬愉"，"无为而自得"，还须导引养生的修炼工夫，这在《远游》里都说了。屈原受庄学的影响极大。这些都是庄学；周行无碍，长生不老，以及神话里的人物，也都是庄学。但庄学只到"我"与自然打成一片而止，并不想创造一个无限的世界；神仙家似乎比庄学更进了一步。神仙家也受阴阳家的影响；阴阳家原也讲天地广大，讲禽兽异物的。阴阳家是齐学。齐国滨海，多有怪诞的思想。屈原常常出使到那里，所以也沾了齐气。还有齐人好"隐"。"隐"是"遁词以隐意，谲譬以指事"（《文心雕龙·谐隐篇》），是用一种滑稽的态度来讽谏。淳于髡可为代表。楚人也好"隐"。屈原是楚人，而他的思想又受齐国的影响，他爱用种种政治的譬喻，大约也不免沾点齐气。但是他不取滑稽的态度，他是用一副悲剧面孔说话的。《诗大序》所谓"谲谏"，所谓"言之者无罪，闻之者足以戒"，倒是合适的说明。至于像《招魂》里的铺张排比，也许是纵横家的风气。

《离骚》各篇多用"兮"字足句，句读以参差不齐为主。"兮"字足句，三百篇中已经不少；句读参差，也许是"南音"的发展。"南"本是南乐的名称；三百篇中的二南，本该与风、雅、颂分立为四。二南是楚诗，乐调虽已不能知道，但和风、雅、颂必有异处。从二南到《离骚》，现在只能看出句读由短而长、由齐而畸的一个趋势；这中间变迁的轨迹，我们还能找到一些，总之，绝不是突如其来的。这句读的发展，大概多少有音乐的影响。

　　从《汉书·王褒传》可以知道楚辞的诵读是有特别的调子的，这正是音乐的影响。屈原诸作奠定了这种体制，模拟的日见其多。就中最出色的是宋玉，他作了《九辩》。宋玉传说是屈原的弟子；《九辩》的题材和体制都模拟《离骚》和《九章》，算是代屈原说话，不过没有屈原那样激切罢了。宋玉自己可也加上一些新思想：他是第一个描写"悲秋"的人。还有个景差，据说是《大招》的作者，《大招》是模拟《招魂》的。

　　到了汉代，模拟《离骚》的更多，东方朔、王褒、刘向、王逸都走着宋玉的路。大概武帝时候最盛，以后就渐渐地差了。汉人称这种体制为"辞"，又称为"楚辞"。刘向将这些东西编辑起来，成为《楚辞》一书。东汉王逸给作注，并加进自己的拟作，叫作《楚辞章句》。北宋洪兴祖又作《楚辞补注》；《章句》和《补注》合为《楚辞》标准的注本。但汉人又称《离骚》等为"赋"。

　　《史记·屈原列传》说他"作《怀沙》之赋"；《怀沙》是《九章》之一，本无"赋"名。《传》尾又说，"宋玉、唐勒、景差之徒，皆好辞而以赋见称"。《汉书·艺文志·诗赋略》列"屈原赋二十五篇"，就是《离骚》等。大概"辞"是后来的名字，专指屈、宋一类作品；赋虽从辞出，却是先起的名字，在未采用"辞"的名字以前，本包括"辞"而言。所以浑言称"赋"，称"辞赋"，分言称"辞"和"赋"。后世引述屈、宋诸家，只通称"楚辞"，没有单称"辞"的。但却有称"骚""骚体""骚赋"的，这自然是《离骚》的影响。

荀子的《赋篇》最早称"赋"。篇中分咏"礼""知""云""蚕""箴"（针）五件事物，像是谜语；其中颇有讽世的话，可以说是"隐"的支流余裔。荀子久居齐国稷下，又在楚国做过县令，死在那里。他的好"隐"，也是自然的。《赋篇》总题分咏，自然和后来的赋不同，但是安排客主，问答成篇，却开了后来赋家的风气。

荀赋和屈辞原来似乎各是各的；这两体的合一，也许是在贾谊手里。贾谊是荀卿的再传弟子，他的境遇却近于屈原，又久居屈原的故乡；很可能的，他模拟屈原的体制，却袭用了荀卿的"赋"的名字。这种赋日渐发展，屈原诸作也便被称为"赋"；"辞"的名字许是后来因为拟作多了，才分化出来，作为此体的专称的。辞本是"辩解的言语"的意思，用来称屈、宋诸家所作，倒也并无不合之处。

《汉书·艺文志·诗赋略》分赋为四类。"杂赋"十二家是总集，可以不论。屈原以下二十家，是言情之作。陆贾以下二十一家，已佚，大概近于纵横家言。就中"陆贾赋三篇"，在贾谊之先；但作品既不可见，是他自题为赋，还是后人追题，不能知道，只好存疑了。荀卿以下二十五家，大概是叙物明理之作。这三类里，贾谊以后各家，多少免不了屈原的影响，但已渐有散文化的趋势；第一类中的司马相如便是创始的人。——托为屈原作的《卜居》《渔父》，通篇散文化，只有几处用韵，似乎是《庄子》和荀赋的混合体制，又当别论。——散文化更容易铺张些。"赋"本是"铺"的意思，铺张倒是本来面目。可是铺张的作用原在讽谏；这时候却为铺张而铺张，所谓"劝百而讽一"。当时汉武帝好辞赋，作者极众，争相竞胜，所以致此。扬雄说，"诗人之赋丽以则，辞人之赋丽以淫"（《法言·吾子篇》）；"诗人之赋"便是前者，"辞人之赋"便是后者。甚至有谈谐嫚戏，毫无主旨的。难怪辞赋家会被人鄙视为倡优了。

东汉以来，班固作《两都赋》，"概众人之所眩曜，折以今之法度"；张衡仿他作《二京赋》。晋左思又仿作《三都赋》。这种赋铺叙历史地理，近于后世的类书；是陆贾、荀卿两派的混合，是散文的更进一步。这和屈、贾言情之作却迥不相同了。此后赋体渐渐缩短，字句却整炼起来。那时期一般诗文都趋向排偶化，赋先是领着走，后来是跟着走；作赋专重写景述情，务求精巧，不再用来讽谏。

这种赋发展到齐、梁、唐初为极盛，称为"俳体"的赋（元祝尧《古赋辨体》）。"俳"是游戏的意思，对讽谏而言；其实这种作品倒也并非滑稽嫚戏之作。唐代古文运动起来，宋代加以发挥光大，诗文不再重排偶而趋向散文化，赋体也变了。像欧阳修的《秋声赋》，苏轼的前、后《赤壁赋》，虽然有韵而全篇散行，排偶极少，比《卜居》《渔父》更其散文的。这称为"文体"的赋。唐宋两代，以诗赋取士，规定程式。那种赋定为八韵，调平仄，讲对仗；制题新巧，限韵险难。这只是一种技艺罢了。这称为"律赋"。

对"律赋"而言，"俳体"和"文体"的赋都是"古赋"；这"古赋"的名字和"古文"的名字差不多，真正"古"的如屈宋的辞，汉人的赋，倒是不包括在内的。赋似乎是我国特有的体制；虽然有韵，而就它全部的发展看，却与文近些，不算是诗。

# 诗的源流

朱自清

汉武帝立乐府,采集代、赵、秦、楚的歌谣和乐谱;教李延年做协律都尉,负责整理那些歌辞和谱子,以备传习唱奏。当时乐府里养着各地的乐工好几百人,大约便是演奏这些乐歌的。歌谣采来以后,他们先审查一下。没有谱子的,便给制谱;有谱子的,也得看看合适不合适,不合适的地方,便给改动一些。这就是"协律"的工作。

歌谣的"本辞"合乐时,有的保存原来的样子,有的删节,有的加进些复沓的甚至不相干的章句。"协律"以乐为主,只要合调;歌辞通不通,他们是不大在乎的。他们有时还在歌辞里夹进些泛声;"辞"写大字,"声"写小字。但流传久了,声辞混杂起来,后世便不容易看懂了。这种种乐歌,后来称为"乐府诗",简称就叫"乐府"。

北宋太原郭茂倩收集汉乐府以下历代合乐的和不合乐的歌谣,以及模拟之作,成为一书,题作《乐府诗集》;他所谓"乐府诗",范围是很广的。就中汉乐府,沈约《宋书·乐志》特称为"古辞"。

汉乐府的声调和当时称为"雅乐"的三百篇不同,所采取的是新调子。这种新调子有两种:"楚声"和"新声"。屈原的辞可为楚声的代表。汉高祖是楚人,喜欢楚声;楚声比雅乐好听。一般人不用说也是喜欢楚声的。楚声便成了风气。武帝时乐府所采的歌谣,楚以外虽然还有代、赵、秦各地的,但声调也许差不很多。那时却又输入了新声;新声出于西域和北狄的军歌。李延年多采取这种调子唱奏歌谣,从此大行,楚声便让压下去了。楚声的句调比较雅乐参差得多,新声的更比楚声参差得多。可是楚声里也有整齐的五言,楚调曲里各篇更全然如此,像著名的《白头吟》《梁甫吟》《怨歌行》都是的。这就是五言诗的源头。

汉乐府以叙事为主。所叙的社会故事和风俗最多,历史及游仙的故事也占一部分。此外便是男女相思和离别之作,格言式的教训,人生的慨叹等等。这些都是一般人所喜欢的题材。用一般人所喜欢的调子,歌咏一般人所喜欢的题材,自然可以风靡一世。哀帝即位,却以为这些都是不正经的乐歌;他废了乐府,裁了多一半乐工——一共四百四十一人——大概都是唱奏各地乐歌的。当时颇想恢复雅乐,但没人懂得,只好罢了。不过一般人还是爱好那些乐歌。这风气直到汉末不变。

东汉时候,这些乐歌已经普遍化,文人仿作的渐多;就中也有仿作整齐的五言的,像班固的《咏史》。但这种五言的拟作极少;而班固那一首也未成熟,钟嵘在《诗品序》里评为"质木无文",是不错的。直到汉末,一般文体都走向整炼一路,试验这五言体的便多起来;而最高的成就是《文选》所录的《古诗十九首》。

旧传最早的五言诗,是《古诗十九首》和苏武、李陵诗;说"十九首"里有七首是枚乘作的,和苏、李诗都出现于汉武帝时代。但据近来的研究,这十九首古诗实在都是汉末的作品;苏、李诗虽题了苏、李的名字,却不合于他们的事迹,从风格上看,大约也和"十九首"出现在差不多的时候。

这十九首古诗并非一人之作,也非一时之作,但都模拟言情的乐府。歌咏的多是相思离别,以及人生无常当及时行乐的意思;也有对于邪臣当道、贤人放逐、朋友富贵相忘、知音难得等事的慨叹。这些都算是普遍的题材;但后一类是所谓"失志"之作,自然兼受了《楚辞》的影响。钟嵘评古诗,"可谓几乎一字千金";因为所咏的几乎是人人心中所要说的,却不是人人口中笔下所能说的,而又能够那样平平说出,曲曲说出,所以是好。"十九首"只像对朋友说家常话,并不在字面上用功夫,而自然达意,委婉尽情,合于所谓"温柔敦厚"的诗教。到唐为止,这是五言诗的标准。

汉献帝建安年间(196—220年),文学极盛,曹操和他的儿子曹丕、曹植两兄弟是文坛的主持人;而曹植更是个大诗家。这时乐府声调已多失传,他们却用乐府旧题改作新词;曹丕、曹植兄弟尤其努力在五言体上。他们一班人也作独立的五言诗。叙游宴,述恩荣,开后来应酬一派。但只求明白诚恳,还是歌谣本色。就中曹植在曹丕做了皇帝之后,颇受猜忌,忧患的情感,时时流露在他的作品里。诗中有了"我",所以独成大家。这时候五言作者既多,开始有了工拙的评论;曹丕说刘桢"五言诗之善者，妙绝时人"，便是例子。但真正奠定了五言诗的基础的是魏代的阮籍，他是第一个用全力作五言诗的人。

阮籍是老、庄和屈原的信徒。他生在魏晋交替的时代，眼见司马氏三代专权，欺负曹家，压迫名士，一肚皮牢骚只得发泄在酒和诗里。他作了《咏怀诗》八十多首，述神话，引史事，叙艳情，托于鸟兽草木之名，主旨不外说富贵不能常保，祸患随时可至，年岁有限，一般人钻在利禄的圈子里，不知放怀远大，真是可怜之极。他的诗充满了这种悲悯的情感，"忧思独伤心"一句可以表见。这里《楚辞》的影响很大；钟嵘说他"源出于《小雅》"，似乎是皮相之谈。本来五言诗自始就脱不了《楚辞》的影响，不过他尤其如此。他还没有用心琢句，但语既浑括，譬喻又多，旨趣更往往难详。这许是当时的不得已，却因此增加了五言诗文人化的程度。他是这样扩大了诗的范围，正式成立了抒情的五言诗。

晋代诗渐渐排偶化、典故化。就中左思的《咏史诗》，郭璞的《游仙诗》，也取法《楚辞》，借古人及神仙抒写自己的怀抱，为后世所宗。郭璞是东晋初的人。跟着就流行了一派玄言诗。孙绰、许询是领袖。他们作诗，只是融化老、庄的文句，抽象说理，所以钟嵘说像"道德论"，这种诗千篇一律，没有"我"；《兰亭集诗》各人所作四言、五言各一首，都是一个味儿，正是好例。但在这种影响下，却孕育了陶渊明和谢灵运两个大诗人。

陶渊明，浔阳柴桑人，做了几回小官，觉得做官不自由，终于回到田园，躬耕自活。他也是老、庄的信徒，从躬耕里领略到自然的恬美和人生的道理。他是第一个人将田园生活描写在诗里。他的躬耕免祸的哲学也许不是新的，可都是他从真实生活里体验得来的，与口头的玄理不同，所以亲切有味。诗也不妨说理，但须有理趣，他的诗能够作到这一步。他作诗也只求明白诚恳，不排不典；他的诗是散文化的。这违反了当时的趋势，所以《诗品》只将他放在中品里。但他后来确成了千古"隐逸诗人之宗"。

谢灵运，宋（南朝）时做到临川太守。他是有政治野心的，可是不得志。他不但是老、庄的信徒，也是佛的信徒。他最爱游山玩水，常常领了一群人到处探奇访胜；他的自然的哲学和出世的哲学教他沉溺在山水的清幽里。他是第一个在诗里用全力刻画山水的人；他也可以说是第一个用全力雕琢字句的人。他用排偶，用典故，却能创造新鲜的句子；不过描写有时不免太繁重罢了。他在赏玩山水的时候，也常悟到一些隐遁的、超旷的人生哲理；但写到诗里，不能和那精巧的描写打成一片，像硬装进去似的。这便不如陶渊明的理趣足，但比那些"道德论"自然高妙得多。

陶诗教给人怎样赏味田园，谢诗教给人怎样赏味山水；他们都是发现自然的诗人。陶是写意，谢是工笔。谢诗从制题到造句，无一不是工笔。他开了后世诗人着意描写的路子；他所以成为大家，一半也在这里。

齐武帝永明年间（483—493年），"声律说"大盛。四声的分别，平仄的性质，双声叠韵的作用，都有人指出，让诗文作家注意。从前只着重句末的韵，这时更着重句中的"和"；"和"就是念起来顺口，听起来顺耳。从此诗文都力求谐调，远于语言的自然。

　　这时的诗,一面讲究用典,一面讲究声律,不免侧重技巧的毛病。到了梁简文帝,又加新变,专咏艳情,称为"宫体",诗的境界更狭窄了。这种形式与题材的新变,一直影响到唐初的诗。这时候七言的乐歌渐渐发展。汉、魏文士仿作乐府,已经有七言的,但只零星偶见,后来舞曲里常有七言之作。到了宋代(南朝),鲍照有《拟行路难》十八首,人生的感慨颇多,和舞曲描写声容的不一样,影响唐代的李白、杜甫很大。但是梁以来七言的发展,却还跟着舞曲的路子,不跟着鲍照的路子。这些都是宫体的谐调。

　　唐代谐调发展,成立了律诗绝句,称为近体;不是谐调的诗,称为古体;又成立了古、近体的七言诗。古体的五言诗也变了格调。这些都是划时代的。初唐时候,大体上还继续着南朝的风气,辗转在艳情的圈子里。但是就在这时候,沈佺期、宋之问奠定了律诗的体制。南朝论声律,只就一联两句说;沈、宋却能看出谐调有四种句式。两联四句才是谐调的单位,可以称为周期。这单位后来写成"仄仄平平仄 平平仄仄平 平平平仄仄 仄仄仄平平"的谱。

　　沈、宋在一首诗里用两个周期,就是重叠一次;这样,声调便谐和富厚,又不致单调。这就是八句的律诗。律有"声律""法律"两义。律诗体制短小,组织必须经济,才能发挥它的效力;"法律"便是这个意思。但沈、宋的成就只在声律上,"法律"上的进展,还等待后来的作家。

　　宫体诗渐渐有人觉得腻味了;陈子昂、李白等说这种诗颓靡浅薄，没有价值。他们不但否定了当时古体诗的题材，也否定了那些诗的形式。他们的五言古体，模拟阮籍的《咏怀》，但是失败了。一般作家却只大量的仿作七言的乐府歌行，带着多少的排偶与谐调——当时往往就这种歌行里截取谐调的四句入乐奏唱——可是李白更撇开了排偶和谐调，作他的七言乐府。

李白，蜀人，明皇时做供奉翰林；触犯了杨贵妃，不能得志。他是个放浪不羁的人，便辞了职，游山水，喝酒，作诗。他的乐府很多，取材很广；他是借着乐府旧题来抒写自己生活的。他的生活态度是出世的，他作诗也全任自然。人家称他为"天上谪仙人"，这说明了他的人和他的诗。他的歌行增进了七言诗的价值；但他的绝句更代表着新制。

绝句是五言或七言的四句，大多数是谐调。南北朝民歌中，五言四句的谐调最多，影响了唐人；南朝乐府里也有七言四句的，但不太多。李白和别的诗家纷纷制作，大约因为当时输入的西域乐调宜于这体制，作来可供宫廷及贵人家奏唱。绝句最短小，贵含蓄，忌说尽。李白所作，自然而不觉费力，并且暗示着超远的境界；他给这新体诗立下了一个标准。

但是真正继往开来的诗人是杜甫。他是河南巩县人。安禄山陷长安，肃宗在灵武即位，他从长安逃到灵武，做了"左拾遗"的官，因为谏救房琯，被放了出去。那时很乱，又是荒年，他辗转流落到成都，依靠故人严武，做到"检校工部员外郎"，所以后来称为杜工部。他在蜀中住了很久。严武死后，他避难到湖南，就死在那里。他是儒家的信徒——"致君尧舜上，再使风俗淳"是他的素志。又身经乱离，亲见了民间疾苦。他的诗努力描写当时的情形，发抒自己的感想。

唐代以诗取士，诗原是应试的玩意儿；诗又是供给乐工歌妓唱了去伺候宫廷及贵人的玩意儿。李白用来抒写自己的生活，杜甫用来抒写那个大时代，诗的领域扩大了，价值也增高了。而杜甫写"民间的实在痛苦，社会的实在问题，国家的实在状况，人生的实在希望与恐惧"，更给诗开辟了新世界。

他不大仿作乐府，可是他描写社会生活正是乐府的精神；他的写实的态度也是从乐府来的。他常在诗里发议论，并且引证经史百家；但这些议论和典故都是通过了他的满腔热情奔迸出来的，所以还是诗。他这样将诗历史化和散文化，他这样给诗创造了新语言。古体的七言诗到他手里正式成立，古体的五言诗到他手里变了格调。从此"温柔敦厚"之外，又开了"沉着痛快"一派。

五言律诗，王维、孟浩然已经不用来写艳情而用来写山水；杜甫却更用来表现广大的实在的人生。他的七言律诗，也是如此。他作律诗很用心在组织上。他的五言律诗最多，差不多穷尽了这体制的变化。他的绝句直述胸怀，嫌没有余味；但那些描写片段的生活印象的，却也不缺少暗示的力量。他也能欣赏自然，晚年所作，颇有清新的刻画的句子。他又是个有谐趣的人，他的诗往往透着滑稽的风味。但这种滑稽的风味和他的严肃的态度调和得那样恰到好处，一点也不至于减损他和他的诗的身份。

杜甫的影响直贯到两宋时代；没有一个诗人不直接、间接学他的，没有一个诗人不发扬光大他的。古文家韩愈，跟着他将诗进一步散文化；而又造奇喻，押险韵，铺张描写，像汉赋似的。

他的诗逞才使气，不怕说尽，是"沉着痛快"的诗。

后来有元稹、白居易二人在政治上都升沉了一番，他们却继承杜甫写实的表现人生的态度。他们开始将这种态度理论化，主张诗要"上以补察时政，下以泄导人情"，"嘲风雪，弄花草"是没有意义的。他们反对雕琢字句，主张诚实自然。他们将自己的诗分为"讽谕"的和"非讽谕"的两类。他们的诗却容易懂，又能道出人人心中的话，所以雅俗共赏，一时风行。当时最流传的是他们新创的谐调的七言叙事诗，所谓"长庆体"的，还有社会问题诗。

晚唐诗向来推李商隐、杜牧为大家。李一生辗转在党争的影响中。他和温庭筠并称；他们的诗又走回艳情一路。他们集中力量在律诗上，用典精巧，对偶整切。但李学杜、韩，器局较大；他的艳情诗有些实在是政治的譬喻，实在是感时伤事之作。所以地位在温之上。杜牧做了些小官儿，放荡不羁，而很负盛名，人家称为小杜——老杜是杜甫。他的诗词采华艳，却富有纵横气，又和温、李不同。然而都可以归为绮丽一派。

这时候别的诗家也集中力量在律诗上。一些人专学张籍、贾岛的五言律，这两家都重苦吟，总捉摸着将平常的题材写得出奇，所以思深语精，别出蹊径。但是这种诗写景有时不免琐屑，写情有时不免偏僻，便觉不大方。这是僻涩一派。另一派出于元、白，作诗如说话，嬉笑怒骂，兼而有之，又时时杂用俗语。这是粗豪一派。这些其实都是杜甫的鳞爪，也都是宋诗的先驱；绮丽一派只影响宋初的诗，僻涩、粗豪两派却影响了宋一代的诗。

宋初的诗专学李商隐；末流只知道典故对偶，真成了诗玩意儿。王禹偁独学杜甫，开了新风气。欧阳修、梅尧臣接着发现了韩愈，起始了宋诗的散文化。欧阳修曾遭贬谪；他是古文家。梅尧臣一生不得志。欧诗虽学韩，却平易疏畅，没有奇险的地方。梅诗幽深淡远，欧评他"譬如妖韶女，老自有余态"，"初如食橄榄，真味久愈在"。

宋诗散文化，到苏轼而极。他是眉州眉山（今四川眉山）人，因为攻击王安石的新法，一辈子升沉在党争中。他将禅理大量的放进诗里，开了一个新境界。他的诗气象宏阔，铺叙宛转，又长于譬喻，真到用笔如舌的地步；但不免"掉书袋"的毛病。他门下出了一个黄庭坚，是第一个有意的讲究诗的技巧的人。他是洪州分宁（今江西修水）人，也因党争的影响，屡遭贬谪，终于死在贬所。他作诗着重锻炼，着重句律；句律就是篇章字句的组织与变化。他开了江西诗派。

刘克庄《江西诗派小序》说他"荟萃百家句律之长，究极历代体制之变，搜猎奇书，穿穴异闻，作为古律，自成一家；虽只字半句不轻出"。他不但讲究句律，并且讲究运用经史以至奇书异闻，来增富他的诗。这些都是杜甫传统的发扬光大。王安石已经提倡杜诗，但到黄庭坚，这风气才昌盛。黄还是继续将诗散文化，但组织得更经济些；他还是在创造那阔大的气象，但要使它更富厚些。他所求的是新变。他研究历代诗的利病，将作诗的规矩得失，指示给后学，教他们知道路子，自己去创造，发展到变化不测的地步。所以能够独开一派。

他不但创新，还主张点化陈腐以为新；创新需要大才，点化陈腐，中才都可勉力作去。他不但能够"以故为新"，并且能够"以俗为雅"。其实宋诗都可以说是如此，不过他开始有意的运用这两个原则罢了。他的成就尤其在七言律上；组织固然更精密，音调也谐中有拗，使每个字都斩绝的站在纸面上，不至于随口滑过去。

南宋的三大诗家都是从江西派变化出来的。杨万里为人有气节；他的诗常常变格调。写景最工；新鲜活泼的譬喻，层见叠出，而且不碎不僻，能从大处下手。写人的情意，也能铺叙纤悉，曲尽其妙；所谓"笔端有口，句中有眼"。他作诗只是自然流出，可是一句一转，一转一意；所以只觉得熟，不觉得滑。不过就全诗而论，范围究竟狭窄些。范成大是个达官。他是个自然诗人，清新中兼有拗峭。陆游是个爱君爱国的诗人。吴之振《宋诗钞》说他学杜而能得杜的心。他的诗有两种：一种是感激豪宕，沉郁深婉之作，一种是流连光景，清新刻露之作。他作诗也重真率，轻"藻绘"，所谓"文章本天成，妙手偶得之"。他活到八十五岁，诗有万首；最熟于诗律，七言律尤为擅长——宋人的七言律实在比唐人进步。

向来论诗的对于唐以前的五言古诗，大概推尊，以为是诗的正宗；唐以后的五言古诗，却说是变格，价值差些，可还是诗。诗以"吟咏情性"，该是"温柔敦厚"的。按这个界说，齐、梁、陈、隋的五言古诗其实也不够格，因为题材太小，声调太软，算不得"敦厚"。

七言歌行及近体成立于唐代，却只能以唐代为正宗。宋诗议论多，又一味刻画，多用俗语，拗折声调。他们说这只是押韵的文,不是诗。但是推尊宋诗的却以为天下事物穷则变,变则通,诗也是如此。变是创新,是增扩,也就是进步。若不容许变,那就只有模拟,甚至只有抄袭;那种"优孟衣冠",甚至土偶木人,又有什么意义可言!即如模拟所谓盛唐诗的,末流往往只剩了空廓的架格和浮滑的声调;要是再不变,诗道岂不真穷了?

所以诗的界说应该随时扩展;"吟咏情性""温柔敦厚"诸语,也当因历代的诗辞而调整原语的意义。诗毕竟是诗,无论如何地扩展与调整,总不会与文混合为一的。诗体正变说起于宋代,唐、宋分界说起于明代;其实历代诗各有胜场也各有短处,只要知道新、变,便是进步,这些争论是都不成问题的。

# 《白话唐人七绝百首》序

蔡元培

浦君瑞堂因为现代青年抱了新体诗的迷信,把古诗一笔抹杀,特地选了唐人的白话七绝一百首。自己作的序,很透彻的了,还要我写几句话。我现在把我所推想的写出来。

为什么单选白话诗呢?因为这是给喜欢白话诗的人读的,若不是白话的,怕他们不肯读了。他们或者疑古诗没有不用词藻的,所以不肯读。现在提出许多白话来举个例,或者可以引起他们读古诗的兴会。

为什么单选七绝呢?诗句的长短,与时代有点关系。周以前的诗,除少数例外的,全是四言。到了汉魏,觉得四言不够发舒了,就盛行五言。从此作四言诗就少了,偶然作的,也没有什么大趣味了。到了南北朝,又觉得五言还不够发舒,渐渐地有七言(汉时虽然有柏梁体、急就章等,但很少)。到唐代,七言就盛行了。那时候还有王、孟、韦、柳几家擅长五言,以后就没有了。所以现在觉得七言比五言是有趣一点儿。七言诗逊有七古、七律等体。七律要讲究对句,不免拘束一点,又大半是用典的。七古长篇居多,也大半免不了用典。七绝是比较的自由,白话体比较的多一点,所以单选七绝。

为什么单选唐人的七绝呢?因为诗是唐人的长技,七绝又是唐时始盛行的。宋洪迈曾经集了《唐人万首绝句》,后来林清之删存一千二百八十首,作《唐绝句选》;清王士祯删存八百九十五首,名《唐人万首绝句选》,这都是单选唐诗的先例。要是这百首唐诗,读的人果然欢迎,我想宋以后的白话七绝,浦君一定也要选出来。不过先把这一百首来尝试尝试呵!

这些都是我的推想,不知道与浦君的本意对不对,也不知道读这本诗的人觉得我的话对不对。

# 唐人近体诗和曲子词的演化

龙榆生

要学填词,首先要学作所谓近体诗。因为这两者的形式之美,都是利用平仄两类长短不同的字调,两两相间地连缀起来,构成平调与升降调或促调递相使用的高低抑扬的和谐音节,都得把"奇偶相生,轻重相权"八个字作为调整音韵的法则,不过长短句词曲比较更为错综复杂,变化特多而已。

近体诗的格式,主要为五、七言绝句和五、七言律诗两种。古有"两句一联,四句一绝"之说。而这四句之中,起承转合,构成一个整体,和我国民间广泛流行的曲调是恰相符合的。律诗例为八句,首尾单行,中间两个对偶,也和另一种流行曲调同其结构。所以这近体诗的组织形式,虽然貌似简单,而在声韵上的调整安排,是和音乐紧密结合,经过无数作者的苦心实践,才逐渐臻于完美,不是偶然的。

兹将近体诗的几种定格列举如下。

（一）五言绝句

1. 平起顺黏格：

    平平仄仄平（韵），仄仄仄平平（韵）。
    仄仄平平仄（句），平平仄仄平（韵）。

例如，皇甫冉《婕妤怨》：

    花枝出建章，凤管发昭阳。
    借问承恩者，双蛾几许长？

2. 仄起顺黏格：

    仄仄仄平平（韵），平平仄仄平（韵）。
    平平平仄仄（句），仄仄仄平平（韵）。

例如，卢纶《塞下曲》：

    月黑雁飞高，单于夜遁逃。
    欲将轻骑逐，大雪满弓刀。

3. 平起偏格：

    平平平仄仄（句），仄仄仄平平（韵）。
    仄仄平平仄（句），平平仄仄平（韵）。

例如，李端《听筝》：

鸣筝金粟柱，素手玉房前。

欲得周郎顾，时时误拂弦。

4. 仄起偏格：

仄仄平平仄（句），平平仄仄平（韵）。

平平平仄仄（句），仄仄仄平平（韵）。

例如，李益《江南曲》：

嫁得瞿塘贾，朝朝误妾期。

早知潮有信，嫁与弄潮儿。

（二）七言绝句

1. 平起顺黏格：

平平仄仄仄平平（韵），仄仄平平仄仄平（韵）。

仄仄平平平仄仄（句），平平仄仄仄平平（韵）。

例如，王翰《凉州词》：

葡萄美酒夜光杯，欲饮琵琶马上催。

醉卧沙场君莫笑，古来征战几人回！

2. 仄起顺黏格：

仄仄平平仄仄平（韵），平平仄仄仄平平（韵）。

平平仄仄平平仄（句），仄仄平平仄仄平（韵）。

例如，刘长卿《送李判官之润州行营》：

万里辞家事鼓鼙，金陵驿路楚云西。
江春不肯留行客，草色青青送马蹄。

3. 平起偏格：
平平仄仄平平仄（句），仄仄平平仄仄平（韵）。
仄仄平平平仄仄（句），平平仄仄仄平平（韵）。

例如，杜甫《江南逢李龟年》：

岐王宅里寻常见，崔九堂前几度闻。
正是江南好风景，落花时节又逢君！

4. 仄起偏格：
仄仄平平平仄仄（句），平平仄仄仄平平（韵）。
平平仄仄平平仄（句），仄仄平平仄仄平（韵）。

例如，白居易《对酒》：

百岁无多时壮健，一春能几日晴明。
相逢且莫推辞醉，听唱阳关第四声。

在上述八个例子中，五言每句的第一字，七言每句的第一、第三两字，一般是可以自由变化的。但变动过多，就得上下相救，如上句既改为"平仄仄平"，下句最好得变成"仄平平仄"之类。五言句的第三、第四两字，七言句的第五、第六两字，也可以平仄互换，如原该用"平仄仄"，也可以改成"仄平仄"，这也是另一种救法。

至于词的格式，随着各个曲调所表现的感情起伏而相与起伏变化，就更错综复杂了。

一般所谓律诗，也只是把绝句的平仄安排重复一次。但中间四句必须运用对偶，使胸腹饱满，符合奇偶相生的法则。这对偶的构成，在词义上要虚实相当，铢两悉称，在字调上却要平仄相反，刚柔相济。兹更举例如下。

(三) 五言律诗

1. 平起偏格：

    平平平仄仄（句），仄仄仄平平（韵）。
    仄仄平平仄（句），平平仄仄平（韵）。
    平平平仄仄（句），仄仄仄平平（韵）。
    仄仄平平仄（句），平平仄仄平（韵）。

例如，孟浩然《过故人庄》：

    故人具鸡黍，邀我至田家。
    绿树村边合，青山郭外斜。

开轩面场圃，把酒话桑麻。

待到重阳日，还来就菊花。

2. 仄起偏格：

仄仄平平仄（句），平平仄仄平（韵）。

平平平仄仄（句），仄仄仄平平（韵）。

仄仄平平仄（句），平平仄仄平（韵）。

平平平仄仄（句），仄仄仄平平（韵）。

例如，骆宾王《在狱咏蝉》：

西陆蝉声唱，南冠客思深。

不堪玄鬓影，来对白头吟。

露重飞难进，风多响易沉。

无人信高洁，谁为表予心？

3. 平起正格：

平平仄仄平（韵），仄仄仄平平（韵）。

仄仄平平仄（句），平平仄仄平（韵）。

平平平仄仄（句），仄仄仄平平（韵）。

仄仄平平仄（句），平平仄仄平（韵）。

例如，杜甫《船下夔州郭宿，雨湿不得上岸，别王十二判官》：

>依沙宿舸船,石濑月娟娟。
>风起春灯乱,江鸣夜雨悬。
>晨钟云外湿,胜地石堂烟。
>柔橹轻鸥外,含凄觉汝贤。

4. 仄起正格:

>仄仄仄平平（韵）,平平仄仄平（韵）。
>平平平仄仄（句）,仄仄仄平平（韵）。
>仄仄平平仄（句）,平平仄仄平（韵）。
>平平平仄仄（句）,仄仄仄平平（韵）。

例如,王维《观猎》:

>风劲角弓鸣,将军猎渭城。
>草枯鹰眼疾,雪尽马蹄轻。
>忽过新丰市,还归细柳营。
>回看射雕处,千里暮云平。

（四）七言律诗

1. 平起偏格:

>平平仄仄平平仄（句）,仄仄平平仄仄平（韵）。
>仄仄平平平仄仄（句）,平平仄仄仄平平（韵）。
>平平仄仄平平仄（句）,仄仄平平仄仄平（韵）。
>仄仄平平平仄仄（句）,平平仄仄仄平平（韵）。

例如，杜甫《恨别》：

洛城一别四千里，胡骑长驱五六年。
草木变衰行剑外，兵戈阻绝老江边。
思家步月清宵立，忆弟看云白日眠。
闻道河阳近乘胜，司徒急为破幽燕。

2. 仄起偏格：

仄仄平平平仄仄（句），平平仄仄仄平平（韵）。
平平仄仄平平仄（句），仄仄平平仄仄平（韵）。
仄仄平平平仄仄（句），平平仄仄仄平平（韵）。
平平仄仄平平仄（句），仄仄平平仄仄平（韵）。

例如，杜甫《闻官军收河南河北》：

剑外忽传收蓟北，初闻涕泪满衣裳。
却看妻子愁何在，漫卷诗书喜欲狂。
白日放歌须纵酒，青春作伴好还乡。
即从巴峡穿巫峡，便下襄阳向洛阳。

3. 平起正格：

平平仄仄仄平平（韵），仄仄平平仄仄平（韵）。
仄仄平平平仄仄（句），平平仄仄仄平平（韵）。
平平仄仄平平仄（句），仄仄平平仄仄平（韵）。

仄仄平平平仄仄（句），平平仄仄仄平平（韵）。

例如，杜甫《江村》：

清江一曲抱村流，长夏江村事事幽。
自去自来堂上燕，相亲相近水中鸥。
老妻画纸为棋局，稚子敲针作钓钩。
多病所须唯药物，微躯此外更何求。

4. 仄起正格：
仄仄平平仄仄平（韵），平平仄仄仄平平（韵）。
平平仄仄平平仄（句），仄仄平平仄仄平（韵）。
仄仄平平平仄仄（句），平平仄仄仄平平（韵）。
平平仄仄平平仄（句），仄仄平平仄仄平（韵）。

例如，李商隐《马嵬》：

海外徒闻更九州，他生未卜此生休。
空闻虎旅传宵柝，无复鸡人报晓筹。
此日六军同驻马，当时七夕笑牵牛。
如何四纪为天子，不及卢家有莫愁。

上面所列举的格式，都是遵循沈约"一简之内，音韵尽殊；两句之中，轻重悉异"的基本法则而调整建立起来的。它的平仄安排，虽然有些可以自由出入，但得衡量整体的音节关系，务必使它既利于喉吻，又能与所表达的感情起伏恰相适应，才算合乎规矩，达到谐协美听的程度。

我们如能掌握近体诗关于声韵安排的基本法则，并且予以实际锻炼，就会明白怎样运用汉语的不同字调来填写各种不同曲调的歌词，使之和谐悦耳，适合配曲者和歌唱者的要求，进而达到"字正腔圆"的境界。

打破近体律、绝诗的整齐形式，演化成为句读参差、声韵复杂的曲子词，最初还只是就原有句式酌加增减，期与杂曲小令的节拍相应，有如第一讲所曾提到的刘禹锡《忆江南》和《潇湘神》等。此外，如张志和的《渔歌子》：

西塞山前白鹭飞，桃花流水鳜鱼肥。青箬笠，绿蓑衣，斜风细雨不须归。

——《尊前集》

俨然一首七绝，不过破第三句的七言为三言两句，并增一韵而已。又如韩偓的《浣溪沙》：

拢鬓新收玉步摇，背灯初解绣裙腰，枕寒衾冷异香焦。深院不关春寂寂，落花和雨夜迢迢，恨情残醉却无聊。

——《尊前集》

又是一首七律，减去一联；或两首七绝，各减一句；平仄声韵都和近体律、绝没有多大变化。至于北宋词家一般经常使用的《鹧鸪天》：

林断山明竹隐墙，乱蝉衰草小池塘。翻空白鸟时时见，照水红蕖细细香。

村舍外，古城旁，杖藜徐步转斜阳。殷勤昨夜三更雨，又得浮生一日凉。

——苏轼《东坡乐府》

这又是一首七律，不过破第五句的七言为三言偶句，并增一韵而已。又如《定风波》：

莫听穿林打叶声，何妨吟啸且徐行。竹杖芒鞋轻胜马，谁怕？一蓑烟雨任平生。

料峭春风吹酒醒，微冷，山头斜照却相迎。回首向来萧瑟处，归去，也无风雨也无晴。

——苏轼《东坡乐府》

俨然两首完整的失黏格七绝，不过上半阕增一个两言短韵句，下半阕增两个两言短韵句而已。

至于《浪淘沙》一曲，唐人原多沿用七绝形式，加虚声以应节拍，例如刘禹锡所作：

日照澄洲江雾开，淘金女伴满江隈。美人首饰侯王印，尽是沙中浪底来。

——《刘宾客文集》

后来演化成为长短句的《浪淘沙》：

帘外雨潺潺，春意阑珊。罗衾不耐五更寒。梦里不知身是客，一晌贪欢。

独自莫凭栏。无限江山，别时容易见时难。流水落花春去也，天上人间。

——《李后主词》

在四个七言句子之外，增加了四言四句、五言两句，就变得复杂多了。但在每句中的平仄安排，仍然和绝句没甚差别，不过上下阕前三句都是句句协韵，表示情感的迫促，至第四句才用仄收，隔句一协，略转和婉，与七绝情调有所不同而已。

再如《菩萨蛮》：

平林漠漠烟如织，寒山一带伤心碧。暝色入高楼，有人楼上愁。

玉阶空伫立，宿鸟归飞急。何处是归程？长亭更短亭。

——传为李白作，见《唐宋诸贤绝妙词选》

这是混合五、七言绝句形式而加以错综变化，组织成功的。前后阕都用两句换韵，平仄互转；开首两个七言句的平仄安排又违反近体诗的惯例,是适宜于表现迫促情绪的。

又如《卜算子》:

缺月挂疏桐,漏断人初静。谁见幽人独往来,缥缈孤鸿影。
惊起却回头,有恨无人省。拣尽寒枝不肯栖,寂寞沙洲冷。

——苏轼《东坡乐府》

这也是参用五、七言近体诗的句式组成的,而两句一联中的平仄安排全部违反近体诗的惯例,并且韵部都得用上、去声,所以和婉之中,微带拗怒,适宜表达高峭郁勃的特殊情调,和《菩萨蛮》显示的声情又有差别。

上面略举了几个例子,以说明近体诗和曲子词在句式和声韵上的演化关系。这只是就短调小令来讲,至于慢曲长调,那它的变化就更加错综复杂得多了。

谈到慢曲长调,有的原是单独存在的杂曲,有的却从整套大曲中抽出一遍来,配上歌词,独立演唱。王灼就曾说过:"凡大曲,就本宫调制引、序、慢、近、令,盖度曲者常态。"(《碧鸡漫志》卷三)例如《水调歌》,据《乐府诗集》卷七十九《近代曲辞》解题:"唐曲凡十一叠,前五叠为歌,后六叠为入破,其歌第五叠五言,调声最为怨切。"当时所配歌词,前五叠为七绝四首、五绝一首,后六叠为七绝五首、五绝一首。怎样缀合虚声以应曲拍,以音谱无存,无法考查。至填词所用《水调歌头》,该是摘用《水调歌》前五叠的曲拍,演成下面这种格式:

明月几时有？把酒问青天。不知天上宫阙，今夕是何年？我欲乘风归去，又恐琼楼玉宇，高处不胜寒。起舞弄清影，何似在人间！

转朱阁，低绮户，照无眠。不应有恨，何事长向别时圆？人有悲欢离合，月有阴晴圆缺，此事古难全。但愿人长久，千里共婵娟。

——苏轼《东坡乐府》

这是用三、四、五、六、七言的不同句式混合组成，而以五言为主，副以两个六言偶句。其五言或六言偶句的平仄安排，亦皆违反近体律诗的惯例，它的音节高亢而稍带凄音，殆仍符合"第五叠五言调声最为怨切"的遗响。

又如《梁州》大曲，据王灼称，曾见一本，有二十四段，叫作《凉州排遍》。他说："后世就大曲制词者类皆简省，而管弦家又不肯从首至尾吹弹，甚者学不能尽。"（《碧鸡漫志》卷三）他所见到的《凉州排遍》，大概也就是元稹《琵琶歌》里面所提"梁州大遍最豪嘈"的《梁州大遍》中的一部分。这排遍竟有二十四段之多，而《乐府诗集》卷七十九所载《凉州歌》只存五段，前三段配以七绝二首、五绝一首，后排遍二段，都配上一首七绝。后来有人从其中摘出一两段，演出成为《梁州令叠韵》：

田野闲来惯，睡起初惊晓燕。樵青走挂小帘钩，南园昨夜，细雨红芳遍。

平芜一带烟光浅，过尽南归雁。江云渭树俱远，凭阑送目空肠断。

好景难常占，过眼韶华如箭。莫教鹍鸠送韶华，多情杨柳，为把长条绊。

清樽满酌谁为伴？花下提壶劝。何妨醉卧花底，愁容不上春风面。

——晁补之《晁氏琴趣外篇》卷一

这前两段和后两段的句式和声韵安排完全一样，可能是就原有曲拍截取一、二段制为小令，再在填词时重复一次，所以叫作《梁州令叠韵》。把它和《乐府诗集》所传五段歌词来相对照，这种错综变化是无任何迹象可寻了。

又如《霓裳羽衣曲》，据白居易和元微之《霓裳羽衣舞歌》自注："散序六遍，无拍，故不舞也。中序始有拍，亦名拍序。"又说："《霓裳》曲十二遍而终。凡曲将毕，皆声拍促速，惟《霓裳》之末，长引一声也。"（《白氏长庆集》）从这些话里面，可以推测到唐大曲的一般结构；而这《霓裳羽衣曲》的节奏，恰如白氏此歌所形容："繁音急节十二遍，跳珠撼玉何铿铮！"又称："中序擘騞初入拍，秋竹竿裂春冰坼"，正可推想到这一套最负重名的大曲的声容态度是怎样动人的。

南宋音乐家姜夔曾称："于乐工故书中得《商调·霓裳曲》十八阕，皆虚谱无辞。……予不暇尽作，作'中序'一阕，传于世。"他所作的《霓裳中序第一》，其词如下：

亭皋正望极，乱落江莲归未得。多病却无气力，况纨扇渐疏，罗衣初索。流光过隙，叹杏梁、双燕如客。人何在？一帘淡月，仿佛照颜色。

幽寂，乱蛩吟壁，动庾信、清愁似织。沉思年少浪迹，笛里关山，柳下坊陌。坠红无信息，漫暗水、涓涓溜碧。漂零久，而今何意？醉卧酒垆侧。

——《白石道人歌曲》

细玩姜词的音节，在韵位和平仄安排上，都使人有"秋竹竿裂春冰坼"的感觉。这些曲词是紧密结合原有曲调的抑扬抗坠，巧妙运用四声字调而组成，非一般近体诗的格律所能概括得了的。

# 说唐诗

闻一多

## 一、诗的唐朝

一般人爱说唐诗,我却要讲"诗唐",诗唐者,诗的唐朝也。懂得了诗的唐朝,才能欣赏唐朝的诗。

所谓诗的唐朝,理由是:

(一)好诗多在唐朝;

(二)诗的形式和内容的变化到唐朝达到了极点;

(三)唐诗的体裁不仅是一代人的风格,实包括古今中外的各种诗体;

(四)从唐诗分枝出后来新的散文和小说等文体。

最后一条需要略加说明,唐代早期某些散文,如王勃的《滕王阁序》、李白的《春夜宴桃李园序》等,原来只是作为集体写诗的说明书而存在,是附属于诗的散文,到中唐便发展成独立的一体,可说是由诗衍化出来的抒情散文,它形成了所谓八大家式的古文，显然是受了唐诗影响而别具一格。又如唐代考试有行卷的风气，当时举子为了显示自己能诗的本领，往往在考前有意利用故事的形式把诗杂在里面，预先向主考官们亮出一手，希望借此得到重视，取得选拔机会，这就产生了大量的传奇小说。其他如新兴的词体，不用说更是从唐诗的主流中直接分流出去的。

"诗唐"的另一涵义，也可解释成唐人的生活是诗的生活，或者说他们的诗是生活化了的。

什么叫诗化的生活或生活化了的诗呢？唐人作诗之普遍可说是空前绝后，凡生活中用到文字的地方，他们一律用诗的形式来写，达到任何事物无不可以入诗的程度。至于像时光的迁流、生命的暂促，本是诗歌常写的主题，而唐代的政治中心又在北方，旧陵古墓，触目皆是，特别是在兵戈初息，或战乱未已的年代里，更容易触动诗人发思古之幽情，因而产生了中晚唐最多、最好的怀古诗，这些都可说是生活诗化或诗的生活化的历史事实。但如果一个人的思想感情老是逗留在这种高远的诗境中，精神过度紧张，久了将会发狂，所以有时不免降低诗境，俯就现实，造成一些庸俗的滥调，像"张打油"那一类的打油诗便产生出来了。

再说唐人把整个精力消耗在作诗上面，影响后代知识分子除了写诗百无一能，他们自然要负一定的责任。不过他们当时那样做，也是社会背景造成的，因为诗的教育被政府大力提倡，知识分子想要由进士及第登上仕途，必要的起码条件是能作诗，作诗几乎成了唯一的生活出路，你怎能责怪他们不那样拼命写诗呢？可是，国家的政治却因此倒了大霉！

◇ 说唐诗

我曾经就中国文学史的分期问题，做了个尚待修正的假定，唐诗的特点和发展变化的原因可以从这里得到解释。试用一表来加以说明：

|  | | 作者成分 | 起年 | 迄年 | 历年总数 |
|---|---|---|---|---|---|
| 古代 | | 封建贵族及土豪贵族 | 周成王时（公元前1063年） | 汉建安五年（200年） | 约1300年 |
| 近代 | 前期 | 门阀贵族 | 汉建安五年（200年） | 唐天宝十四年（755年） | 555年 |
| | 后期 | 士人 | 唐天宝十四年（755年） | 民国九年（1920年，"五四运动"次年） | 1165年 |

把建安作为文学史古代和近代的分水岭，理由是在这时期以前，文学作者多半茫然无考，打曹氏父子以后，我们才能够见作品就知道作者了。其次，普通讲文学史的人，大半以个人为中心来划分文学时代，似乎不很恰当。我以为要划分文学史的时代，应高瞻远瞩，从当时社会情况跟作者的关系方面去研究那个时代作者的同异所在，然后求出一个共同的特点来，作为时代的标志，因为任何天才都不能不受他的社会环境的支配。

曹魏时代，在政治上有所谓九品中正制度的建立，作为选拔人才的标准，到了东晋，便发展成为严格的门阀制度，流弊所及，使贵族盲目自大，生活堕落不堪。所以当李唐王朝重新统一天下之后，重修氏族谱，有意贬低固有门阀贵族的地位，他们的气焰才逐渐削弱，到天宝之乱以前，已著相当成效。回顾这段时期（建安五年至天宝十四年，200—755年）的诗，从作者的身份来说，几乎全属于门阀贵族，他们的诗，具有一种特殊风格，被人们常称道的中国诗歌黄金时代的所谓"盛唐之音",就是他们的最高成就。

东晋是门阀开始的时期,也是清谈极盛的时期,《世说新语》里所记的人物故事,可代表这时期诗的理想境界,也可代表这时期诗人的品性,大、小谢(谢灵运、谢朓)便是这时期诗人的具体代表。杜甫提到鲍明远(照)时说"俊逸鲍参军",所谓"俊逸",就是一种如不羁之马的奔放风格,跟魏武帝(曹操)的乐府诗风格很相近,却与这时期一般诗人的风格大不相同,所以钟嵘在《诗品》中用"嗟其才秀人微"的断语把他列入中品,这里用的正是门阀诗人的尺度。在同一尺度下,被后人盛称的陶渊明诗也不能取得较高的评价,因为他那朴素无华的田园诗正是当时贵族们所不屑于写的。

到了盛唐,这一时期诗的理想与风格乃完全成熟,我们可拿王维和他的同辈诗人作代表。当时殷璠编写了一部《河岳英灵集》,算是采集了这一派作品的大成,他们的风格跟六朝是一脉相承的。在这段时期内,便是六朝第二流作家如颜延之之流,他们的作品内容也十足反映出当时贵族的华贵生活。就在那种生活里,诗律、骈文、文艺批评、书、画等等,才有可能相继或并时产生出来,要没有那时养尊处优的贵族生活条件,谁有那么多时间精力创造出那些丰富多彩的文艺作品?

天宝大乱以后,门阀贵族几乎消灭干净,杜甫所代表的另一时代的新诗风就从此开始。宋人杨亿曾讥笑杜甫是"村夫子",恰好是把他的士人身份跟以前那些贵族作者形成了鲜明的对比。和他同时而调子完全一致的元结编选过一部《箧中集》,里面的作品全带乡村气味，跟过去那些在月光下、梦境中写成的贵族作品风格完全两样。从这系统发展下去，便是孟郊、韩愈、白居易、元稹等人的继起。他们的作风是以刻画清楚为主，不同于前人标举的什么"味外之味""一字千金"那一套玄妙的文学风格。这一派在宋代还在继续发展。

要问这一批人为什么在作品中专爱谈正义、道德和惯于愤怒不平呢，原因是他们跟上一时期贵族作者的身份不同，他们都是平民出身，平民容易受人欺负，因此牢骚也多，这样，诗人的成分很自然地由贵族转变为士人了。其实，他们这种态度跟古代早期的贵族倒很接近，这是因为他们在性质上有着某些共同点。

就是说早期的贵族，他们原是以武功起家，他们的地位是用自己的汗马功劳换来的，跟后来门阀时期的贵族子孙全靠祖宗牌子过活，一心追求享受不同，所以，他们多能慷慨悲歌，直到魏武帝（曹操）还保留着那一派余气。而唐代士人也同样，必须靠自己的文才去争取一官半职，他们同早期贵族一样本由平民出身，跟人民生活比较接近，因此他们能从自己的生活遭遇联想到整个民生疾苦。从这点来说，也可以解释杜甫的"三吏""三别"诸诗为什么会跟汉乐府近似，表现出一种清新质朴的健康风格。

在宋代诗人中，东坡（苏轼）的作风是和天宝之乱以前那一段时期相近，到了陆放翁（陆游）便满纸村夫子气了。所以如果要学旧诗，学宋诗还有可能发挥的余地，学唐诗（天宝以前的那种所谓"盛唐之音"）显然是自走绝路，因为社会环境和生活方式已经完全改变，没有那种环境和生活条件，怎能写得出那种诗来呢？从这种新作风的时代开始以后，平民跟文学的关系一天比一天密切，小说就跟着发达起来。但过去那种豪华浪漫的贵族生活方式始终还被少数人所留恋，尽管平民文学的新风格已经出现，并且在日益壮大，可是部分诗人总不免要对它唱出情不自已的挽歌，像刘禹锡的"旧时王谢堂前燕，飞入寻常百姓家"，杜牧的"大抵南朝皆旷达，可怜东晋最风流"，如此之类，真可说是无限低回，一往情深的了。

然而黄金时代毕竟已成过去，像人死不能复生一样，于是温（庭筠）、李（商隐）便把诗的理想与风格换过，逐渐走上填词的道路，希望在内容和风格方面保存一点旧日贵族的风流余韵；但就成绩来看，只能算是偏安而已。何况词的产生还不是基本上从平民阶级那儿萌芽的吗？

总的说来，唐诗在天宝前后完全是两种迥然不同的风格面目，这是作者的身份和生活前后有了很大改变的缘故。从整个文学史来看，唐诗的确包括了六朝诗和宋诗，荟萃了几个时代的格调，兼收并蓄，发挥尽致，古今诗体，至此大备。根据上述这些情况，我们今后提到"诗的唐朝"或"唐诗是中国诗歌黄金时代的诗"，将不会再有空洞或浮夸的感觉了吧。

## 二、王绩

王绩的诗，可说是渊源于陶渊明的。陶渊明何以在文学史上有如此大的势力，值得仔细研究。凡是大作家必然有他特殊的风格，这风格正如杨炯所说"不须目击，亦不谬也"。文学风格的形成，在于反映时代和作家个人的生活态度。大家的风格，看似独创，其实是表现了前人未有的生活态度，这并不是创新，而是从遗产中选择合于个性的接受过来，再加入个人的生活经验，便形成所谓特殊风格。陶渊明是门阀中衰时代的诗人，所以他把诗的题材内容由歌舞声色改换为自然景色的歌咏。

当时门阀贵族并未全倒，他们的生活态度和艺术趣味还支配着那个时代，因之陶诗便不被时人所看重，他走的路跳过了同时代人几百年，非等到白香山（居易）、苏东坡（轼）出来，不足看出他的价值。也就是说，只有等到门阀贵族全部倒掉，一般人的生活态度改变，反映这种生活态度的诗的风格也有了改变，然后才看出陶渊明是诗坛的先知先觉者。这正如中唐以后，士风大变，大部分读书人为了生活出家为僧，便产生了歌颂僧侣生活的诗歌，贾岛应运而生，不是很自然的事吗？

陶渊明死后，他那种诗的风格几乎断绝，到王绩才算有了适当的继承人。在王绩那个时代（隋末唐初），流行的诗风一面是病态的唯美主义，如陈子良、上官仪等人的作品；一面是有些人为功名而作诗，如虞世南、李百药等人所持的写作态度。当时只有王绩一个人是退居局外，两条路都不走，独树一帜，这似乎是出于傲世。

王绩兄即文中子王通，也是独行其志的学者，专心学孔夫子，在龙门讲学，唐初功臣房玄龄、杜如晦，都是他门下的高足。王绩的另一兄弟王度，曾作《古镜记》，内容在当时也算是隐射李唐的"反动"作品。可见王氏兄弟是一股劲儿以遗民自居，这也是六朝士大夫的生活态度，因此他们都终于贫贱，默默无闻。这就是王绩的家庭情况，他的思想似乎和这个家庭环境有关。

王绩自己的那首《野望》诗，尽管也具有和李唐对立的思想，不过就整个时代来看，仍不愧是初唐的第一首好诗：

> 东皋薄暮望，徙倚欲何依。
> 树树皆秋色，山山唯落晖。
> 牧人驱犊返，猎马带禽归。
> 相顾无相识，长歌怀采薇。

此诗得陶诗之神，而摆脱了它的古风形式，应该说是唐代五律的开新之作，自然处渊明亦当让步。王绩的侄孙王勃曾写过一首五绝，有两句是

> 况属高风晚，山山黄叶飞。　　　（《山中》）

炼句取意，都可看出是受了叔祖《野望》诗的影响。

在陶渊明以前，疏野的诗很少见，《诗经》、"汉乐府"之美，在粗野质朴，而不是疏野。陶渊明是以士大夫身份乔扮作农夫，对农民生活作趣味的欣赏，拿审美的态度来看它，正如城里人下乡，见乡村生活有趣，于是模仿起来，比原来实际的乡村生活更显得新奇可爱。这种审美观念是纯粹的主观成分，把一切实用观点摆开，而陶渊明能够长期保持这种欣赏的生活态度，因而难得。陶诗的特点在于诗人对大自然长久作有趣的看法、天真的看法，表现出一种小孩儿似的思想感情。王绩就是继承了陶诗这一嫡系真传。

从现有记载来看，王绩被当代人所称道，只有韩昌黎（愈）在《送王含秀才序》中曾提到他的《醉乡记》（仿陶渊明《五柳先生传》，又别有《五斗先生传》，因绩尝官五斗学士，都是仿陶作品，由此可看出陶渊明对王绩的影响）。此外，白香山在《九日醉吟》中有两句：

无过学王绩，唯以醉为乡。

据此推断，王绩被人重视，当从中唐开始。真的，要没有中唐人那种深邃的生活经验，是不容易了解和欣赏王绩的。事实上，在初唐那些后于王绩的年轻诗人中，也不是完全没有人模仿过他，不过由于时代潮流所趋，还没有人明目张胆地赞扬他而已。如刘希夷的《故园置酒》：

旧里多青草，新知尽白头。
风前灯易灭，川上月难留。
辛辛周姬旦，栖栖鲁孔丘。
平生能几日，不及且邀游。

这首诗的主题和字面显然都是从王绩的《赠程处士》一诗蜕化而来，那首原诗是：

百年长扰扰，万事悉悠悠。
日光随意落，河川任情流。

礼乐囚姬旦，诗书缚孔丘。
不如高枕枕，时取醉消愁。

把两首诗对照来看，说当时绝对无人受王绩的影响，倒也是不尽然的。

## 三、初唐诗

中国诗歌发展的趋势，自建安到晋、宋是自下向上的发展（按指文人诗的上升时期），齐、梁到唐高宗一段是由上而下（按指文人诗的下降），高宗以后，才又上升，臻于极盛。

六朝和初唐人一般的写作态度，是肉欲的（sensual）而非肉感的（sensous），他们的理论根据是《列子》的纵欲主义。《列子》本是六朝人所伪托的先秦子书，肉感和肉欲都包括在纵欲主义中。肉感主义者多重声律与词藻，肉欲主义者便发展成为宫体诗。从谢朓之死到陈子昂之生这一段时期，没有第一流诗人产生，这时代的人们都把精力用在文学批评（如《文心雕龙》和《诗品》等专著）、声律（如《四声谱》之类）和词藻典故搜集诸方面，他们是用理智对诗作客观的分析研究，这些都是属于感官部分的（诗的形式），而诗的内容则专谈女人了。

把两部分合起来考察，当肉感的兴趣既行消灭，肉欲也随即中止，这是受门阀衰落现实影响的缘故。自武后当政，"四杰"出场，诗的作风，才见好转。当时代表肉感主义者有陈子昂，极富理智；代表肉欲主义者有张若虚，以灵感为主，描写纯粹的爱情。

钟嵘《诗品序》中有这么一段话：

观古今胜语，多非补假，皆由直寻。颜延、谢庄，尤为繁密，于时化之。故大明、泰始中，文章殆同书抄。近任昉、王元长等，词不贵奇，竞须新事，尔来作者，浸以成俗。遂乃句无虚语，语无虚字，拘挛补衲，蠹文已甚。

这是叙述六朝人那种制造事类的风气，一种机械的、堆砌的文学偏向。唐初诗人一面继承了六朝的声律传统，把诗的形式更求工整，因而导致沈（佺期）、宋（之问）律诗的完成；一面又继承了六朝那种学术材料的搜集工作，让拿学术观点研究文学成为这时期的特色，最明显的表现便是类书的编辑，造成一时期内若干毫无性灵的类书式的诗。

综上所说，初唐诗就内容说可归纳成两个大类：一是宫体诗，一是类书式的诗。以作家论，又可分成三派，先列一表，后加说明。

| | 代表作家 | 嗣响作家 | 作品特点 | | | |
|---|---|---|---|---|---|---|
| 第一派 | 王绩 薛稷<br>魏征 陈子昂 | 包融 薛奇童<br>张九龄 贺朝<br>…… | 五古 | 内容文<br>外形诗 | 风骨 | 理智 |
| 第二派 | 卢照邻 骆宾王<br>刘希夷 张若虚 | 常理 蒋洌<br>张旭 王翰<br>…… | 七古<br>（七律七绝） | 内容歌<br>外形文 | 性灵 | 肉感 |
| 第三派 | 王勃 杨炯<br>沈佺期 杜审言<br>崔融 宋之问 | 韦承庆 郭元振<br>苏味道 李峤<br>贺知章 张说<br>韦达 王无竞<br>…… | 五律<br>（七律五排） | 折中 | 格律 | 官觉 |

表中第一派并不承认宫体诗或类书式的诗,目空一切,尤以陈子昂的境界最高,古今当推第一,"李杜"对他也不能不心服。第二派是针对宫体诗的缺点而发。第三派则是以类书式的诗作攻击的目标了。若以真美善的观点来划分,则第一派代表真,第二派代表美,第三派代表善。特别是善,是中国文学的特点(按即思想性和艺术性高度的统一)。这三派奠定了盛唐诗的始基,从文学史发展来说极为重要。

关于第一、二派的诗人及第三派的王、杨两家,有已发表的《宫体诗的自赎》《四杰》等论文可以参考,或将另立专章讨论他们承上启下的作风与功绩,这里不赘。只有沈、杜、崔、宋几家因袭渐少,创新才多,他们跟盛唐接壤,在唐诗发展上具有关键性的影响,特分别提出,加以说明。

明陆时雍《诗镜总论》云:

杜审言浑厚有余,宋之问精工不足。沈佺期吞吐含芳,安详合度,亭亭整整,喁喁叮叮,觉其句自能言,字自能语,品之所以为美。苏、李法有馀闲,材之不逮远矣。

他对沈佺期的诗推崇备至,颇有见识。我们也可以借他这几句话来作为第三派整个风格的最高评语。沈佺期主要活动是在武后秉政时期,自武后直到开元年间(690—741年),国势极盛,所以诗多盛世之音。他的《游少林寺》诗云:

长歌游宝地,徙倚对珠林。

雁塔风霜古，龙池岁月深。
绀园澄夕霁，碧殿下秋阴。
归路烟霞晚，山蝉处处吟。

可说是标准的唐诗，诗人在其中表现了雍容和谐的气象，形成一种和平中正的境界，使人读了生温柔敦厚的感觉，这也可以说是标准的中国诗。

沈佺期的七律"卢家少妇郁金堂"一首（《独不见》），诗云：

卢家少妇郁金堂，海燕双栖玳瑁梁。
九月寒砧催木叶，十年征戍忆辽阳。
白狼河北音书断，丹凤城南秋夜长。
谁为含愁独不见，更教明月照流黄。

此诗曾被推为唐诗七律之冠，分析这个衡量的标准，当在于它的气体高古，一气呵成。或有推崔颢的《黄鹤楼》为七律压卷之作，道理也是一样。这是值得注意的现象。自六朝以来，作诗的人多炼散句，整篇匀称的作品很少见，所以大家都重视一气呵成的作品。孟浩然的诗最多这种风格，如《听郑五愔弹琴》《过故人庄》等诗，都属于这一类。原因是诗到六朝，句子已离口语渐远，可以任意切断，句与句、字与字之间似无甚必然关系，这是一种进步。像谢灵运的两句诗：

池塘生春草，园柳变鸣禽。 （《登池上楼》）

　　这种文字已非语言符号，而直接是思想的符号，这种境界往往不容易达到。但文字本是语言的符号，违反这一事实便不合文字的天然性质。所以到盛唐时期，诗和语言的关系又恢复了常态，前后必相连贯，使多数人可用诗的形式表情达意，自然像李长吉（贺）的那些作品当属极少的例外。宋人所谓的"流水对"，盛唐诗中最多，也就是诗与语言恢复了正常关系的重要表现。沈佺期这首七律正是开启时代新风的首创作品，因此特受重视，颇负声誉。

　　杜审言是大诗人杜甫的祖父，当时诗名极盛。年长于王勃，诗大抵晚年所作。我们读王绩的作品，还可看出他自六朝蜕化的痕迹，读杜审言的诗虽然发现他晚年受过王绩的影响，却已进一步把它变为纯粹的唐代诗风。他的诗现存三十多首，造诣已达盛唐境界，故有些诗往往掺入盛唐作家的诗集里，如《和晋陵陆丞早春游望》一首即见于《韦苏州诗集》。陆时雍评他"浑厚有余"，可巧那正是一个缺乏浑厚之气的时代。他的孙子杜甫比他更浑厚，卓然成为盛唐大家，跟他的影响不无关系。

　　如果从诗的对仗工稳和通体匀称来说，杜固然远不如沈、宋，但他好诗的数量却驾乎沈、宋而上，所以这批诗人中，除去王、杨，杜审言还隐然有领袖群伦之概，无怪他临死前还要跟宋之问、武平一开了个极端自负的玩笑，说自己死得正好，免得压住朋友们老是出不了头。在生前，他还自夸所写的判词足以气死苏味道，这种性格自然容易遭人嫉视，以致一次被人诬陷，将下狱处死，多亏他的一个十六岁的儿子杜并在宴会间把仇人吉州司马周季重杀死，自己也当场丧命，此事惊动朝廷，审言才因这个孝童得到特赦，武后并诏复了他的原官。

从这件事可以见出杜氏一家的性格，杜甫后来能够雄踞盛唐诗坛，他的诗风和个性，可说是有着极其深厚的家庭渊源的。（杜）审言《蓬莱三殿侍宴奉敕咏终南山应制》诗，正表现出他的浑厚之气，诗云：

北斗挂城边，南山倚殿前。
云标金阙迥，树杪玉堂悬。
半岭通佳气，中峰绕瑞烟。
小臣持献寿，长此戴尧天。

当时诗风，沈、宋为台阁体，王、杨多属歌谣体，审言的一首七律《春日京中有怀》，跟他孙子杜甫早年以曲江为题材的七律诸作正是一脉相传，此又近乎歌谣，可见他又不独以浑厚见长了。这首七律是：

今年游寓独游秦，愁思看春不当春。
上林苑里花徒发，细柳营前叶漫新。
公子南桥应尽兴，将军西第几留宾。
寄语洛城风日道，明年春色倍还人！

杜甫《曲江》诗中两句：

>　　传语风光共流转,暂时相赏莫相违。

　　有极曲折的含意,较其他有境界的同类作品更有味道,他早年的作品多属于这一类,跟他晚年巧思刻画的作风大有分别,正是受了家学的影响。上面所举两句分明就是从祖父那首七律的尾联化出来的,可是两联也都并传,成为唐诗中有名的佳句。

　　崔融是杜审言最佩服的人,据说融死,审言曾为他披麻戴孝,以杜的狂傲性格,折节如此,可算怪事,这种倾服简直到了"一人之下,万人之上"的程度。相传崔融为写武后挽词,绝笔而死,当时被人看作武氏死党,大受士林贬斥,不过就不以人废言而论,融的某些作品,亦有可传价值,如五律《吴中好风景》:

>　　洛渚问吴潮,吴门想洛桥。
>　　夕烟杨柳岸,春水木兰桡。
>　　城邑高楼近,星辰北斗遥。
>　　无因生羽翼,轻举托还飙。

　　竟不像一首律诗,简直是从《西洲曲》化出,极为生动,颇带歌谣风味,是从古诗到律诗过渡期间的绝妙佳作。五古《关山月》一首尤见浑厚:

>　　月生西海上,气逐边风壮。
>　　万里度关山,苍茫非一状。
>　　汉兵开郡国,胡马窥亭障。

夜夜闻悲笳，征人起南望。

无怪要令杜审言那么倾倒了。杜甫《同诸公登慈恩寺塔》那首五古亦具此风格，但其中"俯视但一气，焉能辨皇州"两句和崔融的《关山月》"万里度关山，苍茫非一状"一联相比，崔作似乎更显得简练遒劲。

宋之问在当时极有盛名，也是古今文人无行的重要代表。他曾先后投靠权门，跟着政潮进退，朝秦暮楚，恬不知耻。《朝野佥载》甚至记叙他替武三思捧过溺器，事实虽不一定可靠，但他人格的卑污下流却是臭名昭著的，因而成为史官疵议的对象。可是他的诗的确高明，正如明末巨奸阮大铖一样，诗风和人品太不相称。通常但知他的近体诗有名，其实古体诗也有好的，像五古《雨从箕山来》一首：

雨从箕山来，倏与飘风度。
晴明西峰日，绿缛南溪树。
此时客精庐，幸蒙真僧顾。
深入清净理，妙断往来趣。
意得两契如，言尽共忘喻。
观花寂不动，闻鸟悬可悟。
向夕闻天香，淹留不能去。

可说是开了王右丞（维）的先声。他祭杜审言的文中有这样几句：

言必得俊，意常通理。其含润也，若和风欲曙，摇露气于春林；其禀艳也，似凉雨半晴，悬日光于秋水。

这些文句都是汇集杜审言诗"云霞出海曙""晴光转绿蘋""日气含残雨""江声连骤雨，日气抱残虹"等句意境凝炼而成，即此也可看出他的巧思熔裁功夫了。

总结起来看，我们可以打破传统的看法，重新把崔、宋两家归成一类，因为他们同以五古擅长，而把沈、杜归成另一类，因为他们又同工七律的缘故。

最后，还得提一下跟第二、三派有关的上官仪和他的孙女上官婉儿（昭容），从这个关联中，可看出他们对初唐诗发展的影响。

上官仪是典型的初唐诗人。他是有名的门阀贵族，也是大官，虽未编过什么类书，但以他的博学和身份，要做这种工作也不是难事。他早年曾剃度为僧，精于佛典，其他书籍亦无不浏览，因此他的诗正合于钟嵘所说"句无虚语，语无虚字"的标准，可说是一个最典型的类书式的诗人，只有《入朝洛堤步月》还接近当时的一般风格，比较传诵人口！

  脉脉广川流，驱马历长洲。
  鹊飞山月曙，蝉噪野风秋。

玄宗时张说就模仿过他，有"雁飞江月冷，猿啸野风秋"之句,虽出因袭,尚有可观。但仔细玩味,上官仪那首原作,恐怕不是全章,颇有佚句的嫌疑。

上官婉儿有五律《彩书怨》一首云:

> 叶下洞庭初,思君万里馀。
> 露浓香被冷,月落锦屏虚。
> 欲奏江南曲,贪封蓟北书。
> 书中无别意,惟怅久离居。

这是初唐一首难得的好诗,一气呵成,颇具风骨,不似女子手笔,我疑心是伪作。

上官仪因谏武后一事触怒高宗,抄了家,子庭芝、媳郑氏配入宫廷,婉儿是遗腹女。后来婉儿又因事得罪武后,受黥面刑,竟流为时妆,她的社会影响不难想见。中宗朝掌制诰,拜为昭容,史书记她和武三思、崔湜有暧昧关系。她居官时曾劝中宗建昭文馆收养文人学士,分为大学士、学士、直学士三级,都可有政治地位。

大学士有李峤等人,学士有苏颋、沈佺期等人,直学士有宋之问、杜审言、薛稷等人。昭文馆颇有点像西洋的法国沙龙,中宗常到馆中宴会诸学士,并令他们即席赋诗,婉儿一面代皇帝做枪手,一面评定诸学士作品的甲乙,俨然是诗坛盟主。

后来中宗竟在她的私邸设厅招宴,可见她提倡文学有功,而又被众学士所推服。故史书称:

当时属词者,虽皆浮靡,大抵有可观者,婉儿之力焉。

当非虚誉。上面提到的沈、杜、崔、宋四家,正是由婉儿的诱掖褒扬而著名当时的。

四杰的作风是以反上官体而卓然成家,沈、杜等人也是承受了王、杨的风气,但却又受着婉儿的支配,所以说唐诗初期的发展,简直是被上官氏一家左右了。婉儿的文学态度,倒也是跟她祖父迥然不同。

按宫体诗的发展趋势,卢、骆已使它出宫,而宫内的宫体诗仅存形式。上官仪的宫体诗是男人说女人话,而婉儿的宫体诗竟是女人说男人话了,这是时代不同的缘故。因为宫体诗既已出宫,仅存形式,便不再牵涉男女的事,婉儿正是这个时代的骄子。

就个性和遗传说,婉儿应该提倡宫体诗回到她祖父的时代,可是她竟不肯逆转时代风气,可算得诗坛难得的功臣。我们只要不忘记上官婉儿,也就可以知道沈、杜、崔、宋仍不过是宫体诗的青出于蓝而已。

## 四、陈子昂

子昂的诗古今独步,几乎众口一词,无人否认,这道理值得研究。

子昂的诗可分三类:

(一)《感遇》三十八首及其同类的诗;

(二)"酬晖上人"诸作;

(三)近体诗。史称子昂诗"变雅正",究嫌笼统。"酬晖上人"诸作无一首不佳,甚为可怪。当时写古体诗的名手有魏征、薛稷、贺朝、薛奇童、包融等,可见当时写古体诗是一般风气,并非子昂一人特出。他重要的贡献在写了像《感遇》这一类的诗,虽然在前有王绩,在后有张九龄,所写都不及他,即使是太白也难和他相比。

我曾说过,中国的伟大诗人可举三位作代表,一是庄子,一是阮籍,一是陈子昂,因为他们的诗都含有深邃哲理。子昂的好友卢藏用曾有诗句赞他说"陈生富清理"。给他集子作序时也曾说:

至于感激顿挫,显微阐幽,庶几见变化之朕,以接乎天人之际者,则《感遇》之篇存焉。

都指出了这一特点。他的《感遇》诗第六首说:

玄感非象识,谁能测沉冥?
世人拘目见,酣酒笑丹经。
……

他认为"玄感"是直觉,无形象可见,而世人妄加讥笑,这才可笑。所以他的《感遇》诗的重心,就在这个"玄感"。那首有名的《登幽州台歌》:

前不见古人,后不见来者。

> 念天地之悠悠，独怆然而涕下。

更是显著的例子。在人生万象中，谁都有感慨，子昂的感慨独高人一层，原因是他人的感慨都是由个人出发而联想到时空大无穷极，而子昂能忘记小我，所见为纯粹的真理，但又不是纯客观的。像寒山子、王梵志之流变成危言耸听的预言家，唱起幸灾乐祸的讽刺调子。寒山子唱的是：

> 城中蛾眉女，珠珮何珊珊。
> 鹦鹉花前弄，琵琶月下弹。
> 长歌三月响，短舞万人看。
> 未必长如此，芙蓉不耐寒！

王梵志也唱着：

> 世无百年人，强作千年调。
> 打铁作门限，鬼见拍手笑。

> 城外土馒头，馅草在城里。
> 一人吃一个，莫嫌没滋味。

这种态度多么冷酷！他们的作品是对人生彻悟以后的境界，是纯客观的表现；至于太白则已经是全部解脱，更显出超然世外的旁观态度；只有陈子昂的诗取得中和，既有关切的凝思，又能作严肃的正视。

关于时间的境界，子昂近于庄子；空间的境界，从他的"邹子何寥廓，漫说九瀛垂"两句诗推测，当近于邹衍。孔子对时间的观念，见于《论语》所记，子在川上曰"逝者如斯夫，不舍昼夜"的慨叹。对空间的观念则从《孟子》"登东山而小鲁，登泰山而小天下"的记载可以见出。

子昂融合了先秦诸子这些有关时空的境界，遂产生寂寞之感，在他诗里屡次提到"孤寂"的情绪，非常动人。看来他的诗里除了宇宙意识之外，还具有社会意识，因而饱含着悲天悯人的深意。

这一特点，在《感遇》诗中表现不少，像第二十二首的：

> 云海方荡潏，孤鳞安得宁？

第二十五首的：

> 群物从大化，孤英将奈何！

第三十八首的：

> 溟海皆震荡，孤凤其如何！

原来在诗人心中，他的悲愁寂寞是来自整个世界，这种意识和感慨是多么伟大啊！所以说，"孤独"该是诗人最高的特性，

这种孤独境界有时是自来的,如《感遇》诗第二十首所写的:

> 一绳将何系,忧醉不能持。

有时诗人又故意去找孤独境界,如他另一首诗所写的:

> 松竹生虚白,阶庭横古今。

诗人在这里似乎又感到孤独的乐趣,因而每当孤独的时候,也竟是最宜于作诗的良好机会。他的《度荆门望楚》诗中:

> 今日狂歌客,谁知入楚来。

两句仍然由孤独境界产生,不过把孤独之意放在言外罢了,表现了一种孤怀情境,这孤怀,也是由玄感而来。可见子昂是把庄子、邹衍的时空境界诗化了,遂自成一家的风格。卢照邻的《赠李荣道士》:

> 风摇十洲影,日乱九江文。

想象亦高。李长吉(贺)的《梦天》:

> 黄尘清水三山下,更变千年如走马。
> 遥望齐州九点烟,一泓海水杯中泻。

前两句写的是时间感慨，而后两句写的又是空间，境界虽高，缺点是太画面，久之将变成幻想的游戏。反之，阮嗣宗（籍）的诗又太不够画面，唯有子昂得乎其中，能具有玄感，并能把由玄感所生的孤怀化成诗句，因此能跟庄子、阮籍成为三座并立的诗坛高峰。

但在高空待得太久，岂不产生"高处不胜寒"之感？所以比较来说，太白是高而不宽，杜甫是宽而不高，唯有子昂兼有两家之长，因此能成就一个既有寥廓宇宙意识又有人生情调的大诗人。因为站得高，所以悲天；因为看得见，所以悯人。拿这个眼光去读子昂的《感遇》诗，一定能领略其中三昧。

总之，子昂的诗，是超乎形象之美，通过精神之变，深与人生契合，境界所以高绝。

要问陈子昂诗的境界与风格是怎样产生的，就得向中国历史和他本人的家世去找原因，进行分析。

自从孔子在河边说出"逝者如斯夫，不舍昼夜"两句哲言以后，中国后代诗歌在感慨时序方面便有了发展的基础。上面讲过，中国诗在感兴和玄感的水准上，以庄子、阮籍、陈子昂三人最高，但他们都是其来有自，并非凭空出现。子昂比起庄子、阮籍来是诗趣胜于哲理，这是历史背景不同的缘故。

《世说新语》记述桓温在琅琊对早年所种柳树发抒感慨，曾说过"木犹如此，人何以堪"的话，便成了唐初诗人感叹节物改换诗境的共同来源，而子昂独从"玄感"下笔，摆脱陈套，所以独高。这正是历史背景作成他的。何以到他手里会有这个转变呢？

从性格和生活态度来看,子昂和太白极近,用先秦学派思想来衡量他,可说是属于纵横家兼道家。太白平生景仰的不是那位战国的鲁仲连吗?

> 齐有倜傥生,鲁连特高妙。
> ……
> 吾亦澹荡人,拂衣可同调。
>
> (《古风》)

因而他常想能用超人的力量为人排难解纷,进而至于求仙超世,既重功名,又尚清远。子昂和太白同出生在西蜀,受了当地风气的影响,所以形成与众不同的诗风。

子昂家庭是梓州射洪的豪族,他的四世祖兄弟二人在那儿开辟土地,兴创了家业,地位有点像现在的土司,原不是朝廷任命,到梁武帝时才"改土归流",拜为太守,这就是他的家世。他后来自撰族谱,跟东汉的陈寔相接,不一定可靠。由此可见子昂是长于夷族的汉裔,他父亲曾为乡里判讼,所以他本人也带有几分山区穷乡气。他到长安去见武后,最初颇受轻视,武后用"柔野"这个词儿讥笑他,交谈后发现他的长处,才授了官职。

他在家乡,十八岁还未读书,天天跟一批赌徒混着,有一次闯进乡校,受到刺激,便回家闭门发愤,以后就入京参加考试。相传他初到长安,为了制造自我表现的机会,故意在闹市用高价购买胡琴引人注意,并约集众人到客舍看他表演,到时候却突然把胡琴击碎,把自己才学抱负表述一番,然后拿所作分送观众,从此声名大噪。故事虽不一定可信,但由他过去的性格推测,也不是毫无可能,这正是纵横家的本色。

武后虽然一度赏识过他,终于不能重用,大概是因为他直言敢谏这个倔强性格。赵儋在《陈公旌德碑》中说他:"封章屡抗,矢陈刑辟。匪君伊顺,惟鳞是逆。"便是明证。从他存诗的材料考查,他曾两次从军,一次是讨突厥,另一次是从武攸宜讨契丹,后一次曾见史书。子昂在出征中见武连败,便上书自请将一万人出击,不许,再度申请,话说得比较戆直,攸宜生气把他降为掌记室,由是深感抑郁,写下了有名的《登幽州台歌》。次年即退职还乡,父死不久,他也被人诬陷,冤死狱中。

从他自请将兵这件事来看,可见出他早年的赌徒性格,喜欢冒险,是十足的纵横家面目。在诗中,他也常表现功成身退的幻想,这和太白是一致的。有一次住在洛阳,客店主人轻慢了他,他愤而作诗表现自己的怀抱,曾以蔺相如完璧归赵的故事自许,《感遇》诗第十一首也提到"吾爱鬼谷子"的话,其中有

> 囊括经世道,遗身在白云。
> ……
> 浮荣不足贵,导养贵时文。
> 舒可弥宇宙,卷之不盈分。

这样几句,充分表现出他那种纵横家的事业雄心和隐者功成身退的避世幻想。他又在《赠赵六贞固》第二首的诗中写道:

> 道心固微密，神用无留连。
> 舒可弥宇宙，揽之不盈拳。

最后两句连同前作两次用到，可见这是他自抒胸臆的得意之笔，由此显出子昂性格之一般。还有他在《赠别冀侍御崔司议》诗序中写过"嗟乎！子昂岂敢负古人哉"的话，个性之强，不难想见，士气也表现得十足了。又如：

> 少学纵横术，游楚复游燕。（《赠严仓曹乞推命录》）
> 纵横策已弃，寂寞道为家。（《卧疾家园》）
> 雨雪颜容改，纵横才位孤。（《答韩使同在边》）
> 纵横未得意，寂寞寡相迎。（《还至张掖古城，闻东军告捷，赠韦五虚己》）

这些诗句，更是作为纵横家的坦率自我表白。

说到道家气质，可说是他的家风。子昂在他父亲的墓志铭——《我府君有周居士文林郎陈公墓志铭》中，曾提到六世祖方庆得墨子五行秘书、白虎七变法，遂隐于郡武东山。卢藏用《陈氏别传》说他父亲"饵地骨，炼云膏，四十余年"。他自己在《观荆玉篇》序文中也谈到："余家世好服食，昔尝饵之"。所以他在随乔知之北突厥时，见张掖河有仙人杖，以为是益寿珍品，喜而食之，并向人宣传吹嘘。有懂得药物的告诉他，说这只是一种普通植物，并非什么仙药灵丹，使他大为扫兴，遂写《观荆玉篇》作为解嘲。可见他的好道实受家风影响。

他的家庭的确是一个充满道教气味的家庭,便是读书环境也同样影响着他。陈子昂的家乡射洪在涪江边岸,诗人杜甫曾去探访过,作有《冬到金华山观,因得故拾遗陈公学堂遗迹》一诗,前四句云:

涪右众山内,金华紫崖鬼。
上有蔚蓝天,垂光抱琼台。

此处本一道观,是梁武帝为陈勋修建的,观后有空屋,即子昂读书处,杜甫来游时,那间屋已破坏,因作诗相吊,故末四句云:

陈公读书堂,石柱仄青苔。
悲风为我起,激烈伤雄才。

后来鲜于叔明(赐姓李)来做东川节度使,在观后立碑,那便是上面提到的《陈公旌德碑》。由此可知子昂的家庭和读书环境,都使他终生笼罩着道家思想,在生活作风和诗境方面显得那么光怪陆离。

太白身世的前半跟子昂无异,陈寅恪先生曾作考证,说他具有胡人血统,所以生命力强,富于想象,既想成大事业,又想做神仙。但太白的毛病在极端浪漫,为了发泄他的生命力,有时往往不择手段,以致晚年发生从璘的附逆事件,想成为乱世英雄,而做了一些毫无意义的反动错事。诗固然写得好,而社会却受了他的大害。

前人对陈子昂的评论,主要有两说:一是宋祁《新唐书·陈子昂传》的考语:

荐圭璧于房闼,以脂泽污漫之。

一是王渔洋(士祯)《香祖笔记》说他:

子昂五言诗,力变齐、梁,不须言。其表、序、碑、记等作,沿袭颓波,无可观者。第七卷《上大周受命颂表》一篇,《大周受命颂》四章……其辞诡诞不经……此与扬雄《剧秦美新》无异,殆又过之。其下笔时,不知世有节义廉耻事矣。子昂真无忌惮之小人哉!诗虽美,吾不欲观之矣。

但在他的《古诗选》的凡例中,仍作了公正评价云:"夺魏晋之风骨,变梁、陈之俳优,陈伯玉之力最大。"这两家评论都重在论其人,因人而轻其诗。《四库提要》甚至评他"譬诸荡姬侠女,以色艺冠一世,而不可以礼法绳之者也"。虽作了一点让步,也不算什么好评。只有后来陈沆作《诗比兴笺》,用独到眼光评解名家的诗,论到陈子昂《感遇》诗时,才特别写文替他辩解,极有见识。文云:

诚知仕吕、仕周,不同新室、安史。则随例进贺之表,应制颂美之什,诸公亦岂能独无?特一则功业掩文章,偶乏流传之什。一则文章掩忠义,翻遗玷颣之端。然"石淙山侍宴"之诗,狄、姚与二张诸武并列;张燕公铭檄之作,孝明与天册金轮间称。此则今日尚存,亦不闻薰莸同器,燕、许殊科也。仲尼见楚、越之君,亦必称之为王,惟《春秋》乃可书子,彼宋、狄诸公,当日语言文字,其敢直斥武士矱乎?

今既不能议诸公之仕周,乃犹谓仕周而不当从其称谓,其亦舍本而齐末,许浴而禁裸已。且夫同仕而异品,同迹而异心者,一辨诸忠佞之从违,二辨诸进退之廉躁。历考武后一朝,惟子昂谏疏屡见:武后欲淫刑,而子昂极陈酷吏之害;武后欲黩兵,而子昂极陈丧败之祸;武后欲歼灭唐宗,而子昂请抚慰宗室。甚至初仕而争山陵之西葬,冒死而讼宗人之冤狱。皆言所难言,如枘入凿。

是以杜甫《过陈拾遗故宅》诗云:"千古立忠义,《感遇》有遗篇。"其为党附不党附,可不言决矣。武后以官爵笼天下士,或片言取卿相,或四时历青紫。至于文学材艺,更所牢笼。沈、宋、杜、薛、阎、苏、二李,或参控鹤奉宸之职,或预《三教珠英》之修。其后神龙之初,并坐二张之党。子昂曾有一于此乎?释褐十载,不过拾遗,自托多病,不乐居职。谏牍则辄遭报罢,参军则屡忤诸武。未及壮年,遽乞归养,父丧庐墓,哀动路人。至以侍从之臣,竟死县令之手。故杜甫诗又云:"位下曷足伤,所贵者圣贤。……同游英俊人,多秉辅佐权。"其躁进不躁进,又可不言决矣。

陈沆这一辩解真算是为陈子昂雪了诬,可谓千古卓见。

子昂早年是赌徒，又奉道教，两者其实是合一的，因为道教所持颇有一种游戏人间的态度。不过拿他和太白比较，子昂还算稳重，这是由于一部儒家思想使他的生活态度有所限制，所以在他的诗里，我们还可见到他某些悲伤沉恸的地方。拿哭来作比喻，太白之哭像婴儿，并没有什么真正的人生痛苦；子昂倒是像成年人的哭声，他诚然是有所激而发的，也就容易感人。

唐人作诗大半是为了社交应酬，常常是集体聚会赋诗，写完抄录在一起，前面必写一篇序文加以说明。有时这序文写得比诗还好，因为他们作诗有点像后代的行酒令，动机纯粹是游戏，所以佳作有限，而序文却没有形式的限制，可以自由发挥，便容易比诗写得精彩。韩愈最擅长作赠序一类文章，这就是他的历史背景。陈子昂是韩文的先驱者，也长于写这类序文，他常在散文中发抒悲凉感慨，这是他性格中的一种表现，和太白作风又有所不同。

从现在看到的龙门刻石，说明佛教在唐代也很盛行。陈子昂一部分消极诗篇可反映出这方面的思潮，似乎跟他本人多病有关系。而且纵横家易触霉头，自然更促进了他的消极思想。他跟晖上人的赠答诗，就属于这一类。

晖上人当时住在附近的独坐山，跟子昂很接近。子昂的禅诗境界，在前近于谢灵运，在后近于韦苏州（应物），由此可看出晖上人对他的影响。

综合上面所说陈子昂的复杂思想，可以说纵横家给了他飞翔之力，道家给了他飞翔之术，儒家给了他顾尘之累，佛家给了他终归人世而又能妙赏自然之趣。

陈子昂《与东方左史虬修竹篇》曾说起他的复古之志：

文章道弊五百年矣！汉魏风骨，晋宋莫传，然而文献有可征者。仆尝暇时观齐、梁间诗，彩丽竞繁，而兴寄都绝，每以永叹。思古人，常恐逶迤颓靡，风雅不作，以耿耿也。

这也是他对文学所持的态度。他颇有志把诗的风格回复到建安、正始时代，《感遇》诗便是他这一复古志愿的具体实践和伟大成绩。正始作家阮籍、嵇康的诗是理过其词，是逃避现实的伤感主义者，而建安诸子则社会色彩较著，子昂把两个时代的文学作风融合起来，成就所以独高。

我们试加分析，发现他诗中的宇宙意识是来自正始，社会意识是来自建安，而与晖上人酬答诸诗，则达到向往自然的太康境界了。就诗的成就说，凡在他以前的文学遗产，几乎被他网罗殆尽，虽以齐梁文学之腐朽，到他手里也都化为神奇。他的近体诗正表现了这个特点，如《月夜有怀》一诗：

美人挟赵瑟，微月在西轩。
寂寞夜何久，殷勤玉指繁。
清光委衾枕，遥思属湘沅。
空帘隔星汉，犹梦感精魂。

用宫体诗而别具神韵，真有点铁成金之妙，可见他胸襟的阔大和技巧的高明。张九龄模仿他，面目非常相像，如《杂诗》：

> 我有异乡忆，宛在云溶溶。
> 凭此目不觏，要之心所钟。
> 但欲附高鸟，安敢攀飞龙。
> 至精无感遇，悲惋填心胸。
> 归来扣寂寞，人愿天岂从？

也可算是独具只眼、自成一家的豪杰。

总之，陈子昂改造建安以来的文学遗产，作为盛唐的启门钥匙，这是他的伟大处。

王船山（夫之）对陈子昂的古风贬抑最厉害，说是"似诵狱词，五古自此而亡"。我却认为他这种非古又非诗的古诗作风，正是他独到而难得的创造。

拿王（维）、孟（浩然）和李（白）、杜（甫）比较，王、孟作风可算是齐、梁的余音，在他们本身虽不大明显，传到大历十才子，那齐、梁的面目就完全显露出来了。司空图替这一派制造理论，承他衣钵的在宋有严沧浪（羽），在清有王渔洋。子昂是反齐、梁作风最有力的人，所以渔洋很讨厌他，说了他许多坏话。渔洋编选的《唐贤三昧集》，不但不选子昂的诗，连李、杜也无只字，因为李、杜跟子昂正是一脉相承的缘故。

陈子昂的《登幽州台歌》不仅有宇宙意识，而且有历史意识。卢藏用在《陈氏别传》中曾说到他有作《后史记》的愿望："尝恨国史芜杂，迺自汉孝武之后，以迄于唐，为《后史记》，纲纪粗立，笔削未终，钟文林府君忧，其书中废。"书虽未成，由此可想见他的修养和气魄。我们如果拿研究文人太史公的眼光读子昂的诗，一定可以得到他的精华要义。

## 五、盛唐诗

盛唐的年限可划为自玄宗先天元年（712年），迄天宝十四载（755年）止，前后共四十三年，约为半个世纪。

先天元年即杜甫生、宋之问死的一年。这一年，孟浩然二十四岁，李颀二十三岁，王之涣十八岁，王昌龄十五岁，王维、李白十二岁，高适十一岁，崔颢九岁，岑参未生。天宝十四载是安禄山反叛的那一年，孟浩然、李颀已死，王之涣不可考，王昌龄五十八岁，王维、李白五十五岁，高适五十四岁，崔颢已死，岑参四十岁，杜甫四十四岁。

这时期独立的理由除上述原因（玄宗在位年间）外，还与唐人选当代诗的选集《河岳英灵集》的选诗范围有关。此集所收作品上起开元二年（714年），止于天宝十二载（753年），共四十年，跟我上面定的年代大致相近。这部诗选编定于天宝十二载，似乎预感到这个黄金时代即将终止。下面讨论盛唐诗即以此书作根据，所以在未讲正题之先，不妨附带谈谈唐人选唐诗这个副题。

唐人选唐诗的选本，计有《搜玉小集》《国秀集》《河岳英灵集》《箧中集》《玉台后集》《丹阳集》《中兴间气集》《元和御览诗》《极玄集》《又玄集》《才调集》《文萃》等十二种。除《玉台后集》和《丹阳集》遗失外，王渔洋根据这些材料选定了《唐人十种诗》。

从有关材料知道，《丹阳集》的编选人与《河岳英灵集》的编者殷璠是同乡，是个地方性的选集。清人宗月楚重新加以编辑，原本作者十八人，今本只存十五人。原来后人补选纯粹是抄诗性质，可因此知道当时诗的流传情况，跟唐人选诗自有主张者不同。一些没有专集的小作家，他们的作品多靠这个选本流传了下来。

《国秀集》上卷选初唐诗，中、下卷选盛唐诗，间或也涉及大历以后的诗。

《玉台后集》可说是继徐陵《玉台新咏》而编选的，选诗上自陈后主、隋炀帝，一直选到选诗人自己的时代，内容尽是宫体诗，很少价值。

《中兴间气集》选的都是中唐诗。

我们谈盛唐诗，只取《国秀集》《河岳英灵集》《玉台后集》《丹阳集》《箧中集》五种就够了。《箧中集》的编者元结曾作《贫妇词》，是一篇社会描写，也是《箧中集》作者们共同的趋向和作风。奇怪的是盛唐诗的几种选本里没有一本选过杜甫的诗，可见他的作风在当时就跟《箧中集》相近，只因那时还是太平时代，这种社会描写不太被人重视，如果杜甫不长于其他各种诗体的话，他的诗很有可能因此被埋没。所以要看当时诗坛的盛况，《箧中集》以外的四种选本是有代表性的。

《河岳英灵集》所选都是盛唐大家，除杜甫外各家都有。《丹阳集》中的大家以储光羲为最著。《国秀集》跟《河岳英灵集》相同。《箧中集》里的作者姓名在当时是生疏的，只有王季友一人被《河岳英灵集》选入，可见这是一批新的诗境拓荒者，他们的名字是于逖、沈千运、张彪、孟云卿等人。《玉台后集》代表宫体诗余支的势力。宫体诗自从经过卢照邻、刘希夷、张若虚等人的改造,把内容由闺房转到山野,使人联想到六朝时代的《襄阳歌》《西曲歌》《吴声子夜歌》等歌谣的意境与风格,但已有了进步。所以从《玉台后集》到《丹阳集》,可说是唐诗由齐、梁回到晋、宋的作风,是进一层复古(回升)。

另外,北朝是异族政权,以胡人骑射为主,他们的文艺作风配合着他们的生活方式,盛唐的李白、高适、岑参、崔颢诸人就承受了这一派的作风,这是向来所没有的,盛唐以后也不再有继响。这派风格的诗,《河岳英灵集》和《国秀集》都有搜集。其余作家的兴趣多集中在山水寺观,这批人可以《世说新语》代表他们的人生观,是晋、宋诗风的嗣首。到《箧中集》诸作者,便上升到汉魏诗的境界了。

据此,我们现将盛唐诗分为三个复古阶段:(一)齐梁陈时期,(二)晋宋齐时期,(三)汉魏晋时期。这里所谓"复古",实指盛唐诗从摆脱齐梁诗的影响逐步回升到汉魏健康风格的发展过程。自东汉末年到六朝时代,我国作家的人生观是如在梦境,即使干戈扰攘,他们还能够那么风流潇洒,悠然自得。到了隋唐时代,才走出梦境面对人生,正视生活。懂得这一点,才能了解我国中古时代的诗。

下面把三个复古时期的作家略作分析。

(一)齐梁陈时期(齐梁风格)

这一派风格的作家又可分为三类:

第一类:常理,代表作为《古别离》:

君御狐白裘，妾居缃绮帱。

粟钿金夹膝，花错玉搔头。

离别生庭草，征衣断戍楼。

蟏蛸网清曙，菡萏落红秋。

小胆空房怯，长眉满镜愁。

为传儿女意，不用远封侯。　　（《玉台后集》）

蒋冽，有《古意》：

冉冉红罗帐，开君玉楼上。

画作同心鸟，衔花两相向。

春风正可怜，吹映绿窗前。

妾意空相感，君心何处边？　　（《国秀集》中）

梁锽，有《美人春卧》：

妾家巫峡阳，罗幌寝兰堂。

晓日临窗久，春风引梦长。

落钗犹挂鬓，微汗欲消黄。

纵使朦胧觉，魂犹逐楚王。　　（《国秀集》下）

三人作品可算是全唐诗中宫体诗的白眉。

第二类：刘方平，代表作为《乌栖曲》：

画舸双艚锦为缆,芙蓉花发莲叶暗。
门前月色映横塘,感郎中夜渡潇湘。

(《乐府诗集》四八)

张万顷,有《东谿待苏户曹不至》:

洛阳城东伊水西,千花万竹使人迷。
台上柳枝临岸低,门前荷叶与桥齐。
日暮待君君不见,长风吹雨过清谿。

(《国秀集》下)

李康成,即《玉台后集》的编者,代表作为《采莲曲》:

采莲去,月没春江曙。
翠钿红袖水中央,青荷莲子杂衣香,云起风生归路长。
归路长,那得久。各回船,两摇手。(见《玉台后集》)

这派虽亦能作宫体诗,但已由房内移到室外,故风格较高。

第三类:有张说、贺知章、张旭、王湾、韦述、孙逖、张均、殷遥、蒋洌、颜真卿、杨谏诸人。现举各家重要作品略作说明。

贺知章,《送人之军》:

> 陇云晴半雨,边草夏先秋。

两句开盛唐诗描写边塞景物的先例。

张旭,名作有《桃花溪》:

> 隐隐飞桥隔野烟,石矶西畔问渔船。
> 桃花尽日随流水,洞在清溪何处边?

及《山行留客》:

> 山光物态弄春晖,莫为轻阴便拟归。
> 纵使晴明无雨色,入云深处亦沾衣。

二诗代表婉约风格,仍存齐、梁格调。敦煌唐诗抄本中有王梵志诗,句云:

> 恶人相远离,善者近相知。
> 纵使天无雨,阴云自润衣。

此与《山行留客》后两句相同,疑是当时成语的引用,所以两人的诗意字句如此近似。《全唐诗》另存旭诗若干首,但多中唐气味,似可存疑,如《山行留客》一诗近巧,不像盛唐浑朴作风,可能是后人学张旭草书题他人句而误编入张集的。

王湾,是学者,名句有:

海日生残夜,江春入旧年。(《次北固山下》)

相传张说曾把它写于政事堂,作为后生楷模。故晚唐诗人有句云:

何如海日生残夜,一句能令万古传。

可见它在当时的影响,和盛唐所提倡的标准诗风。

韦述,也是学者,与王湾都曾为集贤殿书院写过书目提要,名句有:

晚晴摇水态,迟景荡山光。 (《春月山庄》)

与王湾诗同为盛唐山水田园诗的代表风格。

孙逖,名句有:

悬灯千嶂夕,卷幔五湖秋。(《宿云门寺阁》)

格调和王湾、韦述相同。

张均,张说子,随父至岳阳谪居,于山水景物别有会心,如:

长沙卑湿地,九月未成衣。 (《岳阳晚景》)
湖风扶戍柳,江雨暗山楼。

(《九日巴丘登高》)

句极凄婉,亦盛唐山水诗的一格。

殷遥,有句云:

> 野花成子落,江燕引雏飞。 (《春晚山行》)

蒋涣,有句云:

> 晚帆低荻叶,寒日下枫林。
> (《途次维扬望京口寄白下诸公》)

此二人句都工于刻画物态,寄景寓情。

颜真卿,一般说来,诗不如字,但亦有好句,如:

> 际海兼葭色,终朝凫雁声。
> (《登平望桥下作》)

语极清旷。

杨谏,所作《长孙十一东山春夜见赠》句云:

> 溪月照隐处,松风生兴时。
> ……
> 甘与子成梦,请君同所思。

写得缠绵之极。

这一派所代表的恰是盛唐、中唐的一般风格(李、杜、韩、白诸大家除外)。他们都是拿诗来作消遣的,又是当时在社会上活动的士大夫,所以形成了流行的风格,势力很大。就文学史来说,的确不可漠视,因为他们所形成的风气,常常足以影响大家。

自六朝以来,凡诗家名句,多是关于山水、花鸟、风月之类的,下迄唐宋,这种风气笼罩整个诗坛,无怪唐末郑綮要向人说"诗思在灞桥风雪中驴子背上"了。这些诗都是人在心境平和闲暇时所作,读了可使人精神清新舒畅,这也是中国对诗的传统看法。因此,在中国便没有作诗的职业专家。就整个文化来说,诗人对诗的贡献是次要问题,重要的是使人精神有所寄托。

人们认为一般大诗人是向大自然追求真理,以出世的态度、积极的精神作诗;而小家诗人则是享受自然,随意欣赏,写成诗句,娱己娱人。陶和谢不同,就在这一点分别。这一派的张说和其他诗人不同也在于此,所以提出别论。

张说的诗比同派其他诗人写得深刻,如:

闲居草木侍,虚室鬼神怜。　　(《闻雨》)

竟有泛生主义看法。又:

云霞交暮色,草树喜春容。
(《侍宴浐水赋得浓字》)

态度更为积极,认为自然是神秘而有灵性者。

常建的"山光悦鸟性,潭影空人心"(《题破山寺后禅院》)即同此境界。

张说的"雁飞江月冷,猿啸野风秋"是模仿上官仪《入朝洛堤步月》中的两句,而他的身份官职,正好证明他是直接承继了初唐的风格。

> 年来人更老,花发意先衰。　　(《寄许八》)

多么像刘希夷!其他名句如:

> 寄目云中鸟,留欢酒上歌。
>
> 　　　　　　　　　　(《幽州别阴长河行先》)

这种特出的炼句跟全诗不称的作风也是继承六朝的,大谢便是最明显的代表。陶诗却没有这个特点,所以谢一两句诗够人享受正如陶诗的整首一样。张说的《还至端州驿前与高六别处》五律一首:

> 旧馆分江日,凄然望落晖。
> 相逢传旅食,临别换征衣。
> 昔记山川是,今伤人代非。
> 往来皆此路,生死不同归。

整篇匀称,无句可摘,才是盛唐新调。孟浩然当时能享盛名,也该是这个缘故。张说的诗能高于这一派的小家诗人,这是重要的原因。他又以自己的地位把这种作风加以提倡,当时除了孟浩然、李白、杜甫等大家之外,一般想由科举出身的举子们谁不竞先响应。因此,我们有理由把张说说成是试帖诗典型的建立者,也就是他对唐诗所起的重大影响,而试帖诗的影响唐代诗坛,也就是张说影响的普遍化了。

(二)晋宋齐时期(晋宋风格)

这一派复古的风格又可分为两支。

一支以王维为首领,下面包括三个小派:

1. 孟浩然、包融、贺朝、李嶷、崔曙、萧颖士、张翚等,多写一般自然。

2. 储光羲、丘为、祖咏、卢象等,专写田园。

3. 綦毋潜、刘眘虚、常建等,专写寺观。

另一支以李白为首领,包括两个小派:

1. 崔国辅、丁仙芝、余延寿、张朝等,此派专写江南,多写爱情,甚为大胆,诗中又有故事,有点像西洋诗,它的来源是民间乐府。此外,还可添入顾况,善画,诗境亦如画。但这类言情小诗,如果近于戏剧当更美妙。中唐于鹄善写小女孩,便是此派嫡系。

2. 王翰、李颀、王之涣、陶翰、高适、岑参等,此派专写边塞。只有王昌龄、崔颢无法分别安插在两派内,因为他们兼有两派之长。

(三)汉魏晋时期(汉魏风格)

杜甫是这一派的集大成者,下面也包括三个小派:

1. 郭元振、薛奇童、薛据、阎防、郑德玄等,专写自然。

2. 张九龄、毕曜、李华、独孤及、苏涣、窦参等,专写天道。

3. 于逖、沈千运、张彪、王季友、赵微明、元结、元融、孟云卿等,专写人事。

屈原以后,下迄东汉,有人说这是中国文学的暗淡时期,其实,从另一方面看,这时期的人真能实干,都在努力从事解决国计民生的实际问题,精神绝不麻木。自王莽酿成大的政治失败,以至魏晋时代,诗文大盛,而人的良心便不可问了。直到唐初,才渐有起色,诗歌由写自然进为写天道,再进为写人事,这就形成了杜甫这一派。

我们总括这大段时期文学发展的情况,是否可以这样说:两汉时期文人有良心而没有文学,魏晋六朝时期则有文学而没有良心,他的伟大也在这里。这派作家最初也写自然,实际上已比前些作家要态度严肃,第二派写天道,趋向于悲天,第三派写人事就完全进入悯人了。

第二派中的苏涣曾作《变律》八十余首,现仅存三首,其一云:

> 养蚕为素丝,叶尽蚕不老。
> 倾筐对空林,此意向谁道?
> 一女不得织,万夫受其寒。

> 一夫不得意,四海行路难。
> 祸亦不在大,福亦不在先。
> 世路险孟门,吾徒当勉旃!

高仲武编的《中兴间气集》说他"得陈拾遗之鳞爪",无怪要大为杜甫所赞赏。

第三派诗人可以《箧中集》的编者和作者为代表。他们都爱作愁苦之言,令人读了难受,杜甫的诗风可能受过他们的影响。这批诗人中,大约以于逖年纪较长(太白曾称他于十一兄),而足以领袖群伦的人物当推沈千运。他们首先调整了文学与人生的关系,认定了诗人的责任,这种精神在中国诗坛是空前绝后的。

其次的孟云卿、王季友、张彪诸人,都是杜甫的朋友。中唐承继这派作风的有孟郊和白居易两人。但白居易仅喊喊口号而已,除《新乐府》之外,其他作品跟人生关系也不多,他的成功是杂体诗(如《长恨歌》和《琵琶行》等)和闲适诗而不是社会诗。只有孟郊是始终走着文学与人生合一的大路。

元结和杜甫两人同是新乐府的前驱,他们的区别在元是有意的创作,如《贫妇词》《春陵行》《贼退示官吏》等诗,都是发于理智而不是由感情出发的,带着政治宣传的性质;杜甫的作品完全是出于自然感情的流露,不是有计划作出来的。这一点,白居易无疑地是跟元结有着继承关系,他对杜甫的社会诗感到不足,原因就在这里。

## 六、孟浩然

在李、杜之前的一批作家里面，作品中具有鲜明个性的，除陈子昂、张若虚外，当推孟浩然。他在当时的影响也比陈、张要大，李、杜先后都有诗相赠或提到他，莫不宗仰备至。旧来王、孟合称，实不甚恰当，孟年长于王，他的诗格绝不是因为受王维的影响而形成的。苏东坡评他："韵高而才短，如造内法酒手，而无材料尔。"倒是扼要的评语。

从历史发展来看，初唐的宫体诗在盛唐还保留着它的影响，如前面提到张说所领导的一派便是证明。到孟浩然手里，对初唐的宫体诗产生了思想和文字两重净化作用，所以我们读孟的诗觉得干净极了。他在思想净化方面所起的作用，当与陈子昂平分秋色，而文字的净化，尤推盛唐第一人。由初唐荒淫的宫体诗跳到杜甫严肃的人生描写，这中间必然有一段净化的过程，这就是孟浩然所代表的风格。

孟诗净化的痕迹，从宫体诗发展史上来看，他对女人的观感犹如西洋人所谓"柏拉图式"的态度（精神恋爱），从他集里的宫体诗到他造诣最高的诗可看出这一思想净化的程序。

《春中喜王九相寻》句云：

当杯已入手，歌妓莫停声。

这里他欣赏的只是女人的歌声，而无色欲之念，比初唐算是进了一层。《早发渔浦潭》句云：

> 美人常晏起,照影弄流沫。
> 饮水畏惊猿,祭鱼时见獭。
> 舟行自无闷,况值晴景豁。

他把美人作为山水中的点缀,把她看成风景的一部分,此是六朝以来未有的新境界,也是孟氏的新创作。《万山潭作》句云:

> 游女昔解佩,传闻于此山。
> 求之不可得,沿月棹歌还。

诗中表现对女性的闲淡态度,比王无竞具有引诱性的《巫山高》不同:

> 神女向高唐,巫山下夕阳。
> 徘徊行作雨,婉娈逐荆王。
> 电影江前落,雷声峡外长。
> 霁云无处所,台馆晓苍苍。

王诗使人想象渺茫的神女,如世俗女性可狎而近,而孟作则还她渺茫的本来面目,绝不缩短她的距离。不只对神女,对一般女性也是如此,像《耶溪泛舟》所写:

> 白首垂钓翁,新妆浣纱女。相看似相识,脉脉不得语。

老翁与少女相对,落落大方,全无脏气。一般人论孟诗,往往只注意它的高雅古澹,而忽略它的媚处,媚而不及纤巧,正是他高于王维的地方。摩诘诗虽无脂粉气息,可是跟孟氏比较起来,倒有点像宋人程明道(颢)和程伊川(颐)哥俩对待妓女不同的态度,孟如明道是目中有妓,心中无妓;王如伊川是目中无妓,心中有妓。孟在《题大禹寺义公禅房》诗中有两句:

> 看取莲花净,应知不染心。

正好借来形容他对女性的态度和心境。

孟浩然的感情比较平衡,如一泓秋水,平静无波,故少感伤作品。感伤是诗的最大敌人,盛唐大家只有孟氏是例外。他的《岁暮归南山》一诗,所谓:

> 不才明主弃,多病故人疏。

略带感伤气味,大为一般人所称赏,甚至造出一段"大内诵诗被黜"莫须有的故事来加以渲染,就孟诗整个造诣来说,实为下品,它同王维《秋夜独坐》所写:

> 白发终难变,黄金不可成。

格调相似,不能代表孟的本色。那首五绝《春晓》:

春眠不觉晓，处处闻啼鸟。夜来风雨声，花落知多少？

比起刘希夷《代悲白头翁》：

古人无复洛城东，今人还对落花风。年年岁岁花相似，岁岁年年人不同。

不知高出若干倍。自王维以下，对女性简直抹杀不谈，只孟氏做到不沾不弃，所以难得。譬如清油点灯，有光而无烟，这正表现了孟浩然对思想和诗境净化的成就。

在文字净化方面，只有摩诘、太白、香山可以敌他。但论纯任自然而不事雕琢这一点，那只有在他以前的陶渊明到此境界了。跟孟氏相比，摩诘文字似乎较弱，太白、香山显得较滑、较俗，孟诗全无这些缺点，像他的《听郑五愔弹琴》：

   阮籍推名饮，清风坐竹林。
   半酣下衫袖，拂拭龙唇琴。
   一杯弹一曲，不觉夕阳沉。
   余意在山水，闻之谐夙心。

《游精思观回王白云在后》：

   出谷未停午，到家日已曛。
   回瞻下山路，但见牛羊群。

> 樵子暗相失，草虫寒不闻。
> 衡门犹未掩，伫立望夫君。

诸作简直像没有诗，像一杯白开水，唯其如此，乃有醇味。古今大家达到这个造诣水准的也不甚多。自梁沈约以来，提倡诗歌声律化，至初唐沈、宋而进于大功告成阶段。孟氏一出，偏又废而不用，所以他的近体诗多是"以古变律"，这是他矫出于各家的秘诀。孟诗中的对仗多用十字格，这种句式别家多用在三、四两句，很少用在五、六两句上，而孟的《万山潭作》却是用在五、六句，结合最后两句即成了二十字格，真是古趣盎然，也加强了诗句的散文化，在当时这是绝大的创造。

唐诗人中文字干净的作家，在孟以前有王无功（绩），但只是消极地本人不用陋词而已，并未形成格调，而孟的诗在文字本身就表现究极的、正面的新境界，使人根本忘记词藻。所以孟浩然的诗是整体的，全篇字句是不可分割的，不像盛唐好些作品有佳句可摘，使一篇的其他字句反而变成空白。因此，我们可以把孟浩然同陈子昂、张若虚三位诗人看成盛唐初期诗坛的清道者。

浩然写得平淡的诗可举四篇代表作品，其一是《岘潭作》：

> 石潭傍隈隩，沙岸晓禽缘。
> 试垂竹竿钓，果得槎头鳊。
> 美人骋金错，纤手脍红鲜。
> 因谢陆内史，莼羹何足传。

其二是《晚泊浔阳望庐山》：

> 挂席几千里，名山都未逢。
> 泊舟浔阳郭，始见香炉峰。
> 尝读远公传，永怀尘外踪。
> 东林精舍近，日暮空闻钟。

其三是《万山潭作》：

> 垂钓坐磐石，水清心亦闲。
> 鱼行潭树下，猿挂岛藤间。
> 游女昔解佩，传闻于此山。
> 求之不可得，沿月棹歌还。

其四是《伤岘山云表观主》：

> 少小学书剑，秦吴多岁年。
> 归来一登眺，陵谷尚依然。
> 岂意餐霞客，溘随朝露先。
> 因之问闾里，把臂几人全？

这四首诗写得平淡极了，几乎淡到没有诗的地步，可是这的确是最孟浩然式的诗。别人的诗都是他本人的精华结晶，故诗写成而人成了糟粕，独孟浩然人是诗的灵魂，有了人没有诗亦无不可,他的诗不联系他本人不见其可贵,这是跟西洋人对诗的观念不同处。

西洋人不大计较诗人的人格,如果他有好诗,对诗有大贡献,反足以掩护作者的疵病,使他获得社会的原谅。他们又有职业作家,认为一篇文学创作可与科学发明相等。西洋人作诗往往借故事或艺术技巧来表现作者个性,而中国诗人则重在直接抒写作者的胸襟,故以人格修养为最重要,因为有何等胸襟然后才能创造出何等作品。

这样说来,孟浩然的心境恰如一泓清水,澹然存在,但只要有此心境和生活态度也就够了,别人绞尽脑汁造作佳句,跟他比起来反觉多余,这也是中国一般人对于诗的态度和看法。

自从先秦士大夫发表了他们修养超人境界的议论以后,在我国人思想中便逐渐形成了理想完美人格的概念与标准,并且认为只要照着圣贤所指示的理想去做人,即令无诗,也算有诗了。汉末以来,下迄东晋,理想人格的标准虽然稍有改变,可是求理想人格实现这个目标还是前后一致的,《世说新语》记述的好些故事便是突出的代表。那般人对于生活中的思想言行都非常考究,他们所表现的是儒家人格的观念加上道家人格美的理想,这种意识形态正是由先秦时代导源的。

自魏晋时代开始,就有人以人格来造诗境,要求谈吐必合于诗,然后以人格渗透笔底,如王右军的字即足以表现其为人,他的人格存在于他的字迹中,一点一画莫非其人格的表现。这时期固然也有人写好诗,但诗人的生活却不甚可考,而如《世说新语》所记的诸名士,人格虽美又无作品可传。所以说,魏晋人只做到把人格表现在字中,至于把它表现在复杂的诗中则不十分成功。陶渊明在这方面的成就算是突出的,但又超出时代风气太远,不能引起当代人的重视和发生广泛影响。

六朝人忽视人格之美,世风因以堕落,直到唐初,诗的艺术一直很少进步。盛唐时代社会环境变了,人们复活了追求人格美的风气,于是这时期诗人的作品都能活现其人格,他们的人格是否赶得上魏晋人那样美固然难说,但以诗表现人格的作风却比魏晋人进步得多。这中间,孟浩然可以说是能在生活与诗两方面足以与魏晋人抗衡的唯一的人。他的成分是《世说新语》式的人格加上盛唐诗人的风度,故他的生活与诗品的总成绩远在盛唐诸公之上,无怪太白写诗赠他不道其诗而单道其人了。诗云:

赠孟浩然
吾爱孟夫子,风流天下闻。
红颜弃轩冕,白首卧松云。
醉月频中圣,迷花不事君。
高山安可仰,徒此揖清芬。

王维无诗赞他,宋人怀疑是有妒忌之意,这是不正确的,因为王是用画赞他,皮日休的《郑州孟亭记》便提到王维画像于孟亭的事。《韵语阳秋》记孙润夫家藏有孟浩然的画像,虽然作者葛立方说那画和题字是假的,但它却是由真迹摹制而来,不过真迹已经失传罢了。据说当年王维是因读了浩然《晚泊浔阳望庐山》一诗,美其风度而作此画,可见孟浩然的诗和他的人格是如何密切联系而统一着的。

后世谈襄阳必然联想到孟浩然。襄阳是当时南方的文化、经济中心之一,自来就产生神秘的风流人物,最早有汉皋游女,后来有庞德公,再下便数到孟浩然了。这儿的山水风俗对少年孟浩然当有极大影响,他三十七岁以前一向在这里隐居,故其诗的乡土气味很重。他家本来殷富,长期娇生惯养,形成了后来的文弱气质。

盛唐诗人在作风上大抵可分成两派:一派是以高、岑、李、杜、王为代表的豪壮派,多慷慨悲歌之作,高适可为领袖;另一派为孟浩然领导的文弱派,重要作家有刘眘虚、綦毋潜、邱为、阎防、崔曙等人,尤以刘眘虚和綦毋潜两人的作风最纯,纯得发亮,他们都是孟浩然的好友。刘眘虚的名句有

时有落花至,远随流水香。(《阙题》)
深路入古寺,乱花随暮春。
……
松色空照水,经声时有人。(《寄阎防》)

綦毋潜比这写得更玄秘,句有:

松覆山殿冷,花藏溪路遥。(《题鹤林寺》)
塔影挂清汉,钟声和白云。(《题灵隐寺山顶禅院》)

写境界极为静寂。他又有《若耶溪逢孔九》句云:

> 潭影竹间动，岩阴檐外斜。
> 人言上皇代，犬吠武陵家。

诗境较孟浩然更细微，也同样是静的写照。前者专写动景，源出道家；后者专写静景，则源出于佛家。一动一静，恰成对照。

浩然在盛唐可与贺知章相匹，两人家乡的地理环境亦颇相当。襄阳有岘潭，会稽有七里滩；襄阳有鹿门，会稽有山阴；襄阳有庞德公，会稽有严子陵；襄阳有汉皋游女，会稽有西施，可说是有趣的对照。

唐代的士子都有登第狂，独浩然超然物外，而中晚唐的士子因为政治不明，更多落第机会，往往爱拿孟浩然来遮羞，于是编造浩然"大内诵诗遭黜"的谣言，竟把这位心怀澹泊的风流雅士变成了东方名利场中的唐吉诃德，这是自有诗人以来少有受到的侮辱和诬蔑。

通常又以《望洞庭湖赠张丞相》诗为浩然的代表作，诗云：

> 八月湖水平，涵虚混太清。
> 气蒸云梦泽，波撼岳阳城。
> 欲济无舟楫，端居耻圣明。
> 坐观垂钓者，徒有羡鱼情。

其实诗中前四句不足以代表其诗，而后四句则又不足以代表其为人。

## 七、王昌龄

从文学技巧说,王昌龄和孟浩然可以对举;从思想内容说,陈子昂和杜甫可以并提。昌龄、浩然虽无王摩诘、李太白之高,然个性最为显著。至于文字色彩的浓淡,则浩然走的是清淡之路,昌龄走的是浓密之路。

盛唐诗风的发展,乃作螺旋式的上升,由齐梁陈逐步回升到魏晋宋的古风时代。魏晋宋风格的代表可举陶渊明、谢灵运两大家,盛唐诗人中属于这类风格的代表作家当推孟浩然与王昌龄。这四个人,浩然可匹渊明——储光羲人多以为近陶,实则是新创境界,较摩诘去陶为远——昌龄则近大谢(灵运)。大谢炼字功夫极深,但尚不能堆成七宝楼台,完成这一任务的只有王昌龄了。我们说浩然可匹渊明,只是说他近陶而已,而昌龄在文字锻炼功夫上别开天地,比大谢成就更大。

诗之有社会意识,在内容方面开新天地者当推杜甫,后来的人想把社会意识和内容题材合铸而为一,作此尝试者有孟郊,然效果是失败的,可见诗境汇合之难。

昌龄的《长信秋词》云:

奉帚平明金殿开,且将团扇共徘徊。
玉颜不及寒鸦色,犹带昭阳日影来。

首句如工笔画,金碧辉煌,极为秾丽。次句用班婕妤故事,"团扇"二字括尽一首《怨歌行》意境,全首诗眼也就在"团扇"二字，整首诗因之而活。三句中"玉颜""寒鸦"对举，黑白分明，白不如黑，幽怨自知。四句中"日影"形象有暖意，更反映出冷宫的寂寞凄清。这种写法比起浩然的清淡，又是一种风格。昌龄诗给人的印象是点的，而浩然诗则是线的。此处"不及寒鸦色"虽是点的写法，尚有线索可寻，至李长吉（贺）则变得全无线索，那是另一新的境界。

中国诗是艺术的最高造诣，为西洋人所不及。法国有一名画家，曾发明用点作画，利用人远看的眼光把点连成线条，并由此产生颤动的感觉，使画景显得格外生动。在中国诗里同样有点的表现手法，不过像大谢的诗只有点而不能颤动，昌龄的诗则简直是有点而又能颤动了，至于李长吉的诗又似有脱节的毛病。我们读这类诗时也应掌握这个特点，分析要着重在点的部分，使人读起来自然地引起颤动的感觉。杜诗亦偶有此种做法，然效果到底差些。像《长信秋词》这首诗，可说是王昌龄的独创风格，功绩不可磨灭。他本人诗中像这类作品也不多，略相似的有《听流人水调子》一诗：

孤舟微月对枫林，分付鸣筝与客心。
岭色千重万重雨，断弦收与泪痕深。

首句中"枫林"二字将《楚辞·招魂》意境全盘托出，次句是用乐音写流人的心境，三、四两句是写将千重万重山雨收来眼底，化作泪泉，客心的酸楚便可在弦外领略了。诗中的几个名词，如"孤舟""微月""枫林""鸣筝""客心""岭色""万重雨""断弦""泪"已够富于诗意,经过作者匠心加以连串,于是恰到好处,表现出一幅极为生动的诗境。长吉的诗往往忽略做这种连串的安排,因而产生脱节的毛病。

《芙蓉楼送辛渐》一诗也同具此妙:

寒雨连江夜入吴,平明送客楚山孤。
洛阳亲友如相问,一片冰心在玉壶。

前面三句是用线的写法,依层次串连下来,从夜晚写到天明,由眼前写到别后,末句用的又是点的表现手法了。"冰心在玉壶"本是从鲍明远(照)"清如玉壶冰"的句意化出,而能青出于蓝,连那个"如"字都给省掉,所以转胜原作。"冰心"是说心灰意冷,"玉壶"是说处身之洁,这七字写尽诗人的身世感慨。以壶比人,是昌龄新创的意境。凡用物比人,须取其不甚相似中的某一点相似,这样就会给人以更新、更深的印象。

曾有一则以壶比人的笑话,说是几个朋友约会饮酒,各人自道酒量,一人说他饮十杯才醉,一人说他只要三杯足够,另一人说他见酒壶就醉,问起原因才知道他每次饮酒回家,常挨老婆臭骂,骂时她一手叉腰,一手指定老公鼻子,样子活像一把酒壶,他怎能不见了酒壶就醉呢!这笑话拿酒壶比作恶妇骂人的形象,是取其骂人的姿势相似,因而显得奇谲可笑。任何观念都是相对的然后才能存在,骈文对仗,其妙在此。故用比喻当从反面下手,像抽水似的,要它上升,必向下压。

王昌龄的诗,在文学史上值得大书特书。唐代诗人的作品被当代人推为诗格者,只有王昌龄和贾岛二人。所以他别有绰号叫"诗家天子王江宁","天子"有的记载作"夫子",实误。被人尊为"天子"或"夫子",可见他作诗技巧的神奇高妙。

所谓抒情诗,不只是说言情之作而已,我以为正确的含义应该是诗中之诗,如张若虚的《春江花月夜》就是抒情诗最好的标本,而绝句又是抒情诗的最好形式。宋人解释绝句,以绝为截,是截取律诗的一半而成的新形式,但依诗歌发展的过程考证实不相符。唐人作诗因入乐关系,多用四句为一节奏,故虽是长篇古风亦可截用四句,如李峤七古《汾阴行》的末四句:

山川满目泪沾衣,富贵荣华能几时?
不见至今汾水上,唯有年年秋雁飞。

即被截入乐,当筵歌唱,说明绝句的产生是和律诗毫无关系的。诗有佳句当自曹子建(植)开始,至唐而有"诗眼"之说,往往使用一字而全篇皆活,有人说这是诗的退化,倒也不尽然。唐代大家为求纯诗味的保存,特别重视形式精简而音乐性强的绝句体。就艺术言,唐诗造诣最高的作品,当推王昌龄、王之涣、李白诸人的七绝,杜甫远不能及,他的伟大处本不在此。

从诗的整个发展来看,七绝当从七古发源,便是七律也是从七古蜕变而来,因而最高造诣的七律也以像七古的风格为佳,这也是崔颢《黄鹤楼》被人推为全唐七律压卷之作的原因。所以说,七绝当是诗的精华,诗中之诗,是唐诗发展的最高也是最后的形式。被人们欣赏的诗味更浓的诗,也就是在绝句这个基础上结合其他的因素发展变化创新出来的。传统看法认为五律是唐诗的重要成就,我觉得还欠考虑。

## 八、王维、李白、杜甫

王维替中国诗定下了地道的中国诗的传统,后代中国人对诗的观念大半以此为标准,即调理性情,静赏自然,他的长处短处都在这里。

旧来论诗,曾以"仙、圣、佛"称李、杜、王三家,或称为"魏、蜀、吴",或称为"天、地、人",也有称为"真、善、美"的。我的看法是以三人最重要的生活年代作比较来评论他们诗的特点,一个作家的遭遇跟他诗文的风格大有关系。李、杜、王三位诗人都同时经历了安史之乱,他们处乱的态度正足以代表各人的诗境。杜甫的

麻鞋见天子,衣袖露两肘。(《述怀》)
影静千官里,心苏七校前。(《喜达行在所》之三)

表现他爱君的热忱,如流亡孩子回家见了娘,有说不出的委屈和高兴。太白在乱中的行动却有做汉奸的嫌疑,或者说比汉奸行为更坏。试想当时安禄山造反,政府用哥舒翰和封长清去抵御他,遭了大败,国家危机非常严重,所倚靠者只有江南的财富和军队,而永王李璘按兵不动,妄想乘机自立。太白被迫接受伪署,还作诗歌颂他,岂不糊涂透顶!他无形中起了汉奸所不能起到的破坏作用。

王维此时的处境却有点像他三十多年前在宁王(玄宗兄)府

里歌咏的息夫人。息夫人本是春秋息国国君的夫人，国亡后被掳做了楚国的王妃，虽在楚生了两个孩子，但始终不和楚王说一句话。王维早年写诗的背景是这样的：玄宗的哥哥宁王李宪，仗势霸占了邻近卖饼人的妻子，并设宴会饮，故意把饼师召来和妻见面，观察他们的表情。当时王维在座，只见那女子对自己的丈夫无声凝注，垂泪相对，于是满怀同情，借用历史题材加以讽喻，写下了这首《息夫人》诗：

莫以今时宠，难忘旧日恩。
看花满眼泪，不共楚王言。

谁想到三十多年之后诗人自己也落到息夫人这样的命运，在国难中做了俘虏，尽管心怀旧恩，却又求死不得，仅能抱着矛盾悲苦的心情苟活下来，这种态度可不像一个反抗无力而被迫受辱的弱女子么？因此，他在洛阳沦陷时期，曾服药装哑，不肯参加敌人的宴会演奏，被拘禁在菩提寺里，裴迪前去看他，他才把自己写的那首《私成口号诵示裴迪》的诗告诉裴迪，表示他在危难中的故国之思。诗云：

万户伤心生野烟，百僚何日更朝天？
秋槐叶落空宫里，凝碧池头奏管弦。

后来竟得因此减罪免死。故明人敖英在《辋川谒王右丞祠》诗中说他：

蜀栈青骡不可攀，孤臣无计出秦关。
华清风雨萧萧夜，愁杀江南庾子山。

可谓写尽安史乱中王维的遭际和心事。总之，我的结论是这样：李、杜、王三位诗人的人格和诗境，都可以从他们在安史之乱考验中的表现作为判定高下的标准。

杜甫一生的思想，是存在于儒家所提出的对社会的义务关系之中，这关系是安定社会的基本因素。太白却不承认这种义务关系，只重自我权利之享受，尽量发展个性，像不受管束的野孩子一样。王维则取中和态度，他的理想生活是不知道生活而享受生活，他的生活态度极其自然，只求在平淡闲适生活中安然度此一生。这是庄子的一个方面，《渭川田家》所表现的内容情趣即可为代表：

斜阳照墟落，穷巷牛羊归。
野老念牧童，倚杖候荆扉。
雉雊麦苗秀，蚕眠桑叶稀。
田夫荷锄至，相见语依依。
即此羡闲逸，怅然吟式微。

但他跟王绩的避世态度又有不同。王维还有爱树的癖好，对树非常欣赏，故（《辋川闲居》）有"时倚檐前树，远看原上村"之句，五绝《漆园》一首也提到：

偶寄一微官，婆娑数株树。

全诗表面是咏庄子，实际是夫子自道式的自我写照，并体现了他独特的爱树精神。

王维独创的风格是《辋川集》，最富于个性，不是心境极静是写不出来的，后人所谓诗中有画的作品，当是指这一类。这类诗境界到了极静无思的程度，与别家的多牢骚语不同，在静中，诗人便觉得一切东西都有了生命，这类作品多半是晚年写的。

清人刘熙载《艺概·诗概》云："王维诗一种似李东川（颀），一种似孟浩然"，是空前的笃论。似东川的作品当是早年所作，也是兴之所至而写成的，不是本色，如《陇头吟》《送李颀》之类。似孟浩然的作品则是中、晚年所作，尤其是晚年的《辋川集》，它达到了浩然那种生活即诗、淡极无诗的境界。所以说，王、孟究竟是谁影响谁，就无须词费了。

## 九、大历十才子

大历十才子是唐代最享盛名的一批诗人，这是当时社会一般人的看法。他们的诗是齐、梁风格而经张说所提倡改进过的，虽时髦而无俗气，境界趣味完全继承了张说这一派。张说本人地位虽高，而诗境较低，他只是替盛唐诗奠了基，盛唐诗坛便建筑在这层上面，论功绩和贡献自然是不可磨灭的。

从时间来说，盛唐、中唐之相接也依此为联系，并远承谢康乐的传统不断，十才子的地位和价值也由此可见。就纯粹诗的立场说，这批人最可敬，贡献也最大。如将中国诗划分阶段，《十九首》以前是原始期，建安迄盛唐为第二期，晚唐以下为第三期。人们读词胜于读诗，读晚唐诗又胜于读盛唐诗，因为晚唐诗一面来自迷人的齐、梁，一面又近承十才子风气的缘故。

诗的发展趋势，往往是由质朴走向绮靡，这也是人性的自然流露。我们既须承认事实，又须求其平衡，唯有大作家才能达到这一境界。所以读古人诗态度必须公平，不能有任何狭隘的偏见，更不能用有颜色的眼镜去妄断是非，标新立异。

十才子的诗有两大特点：

（一）写的逼真，如画工之用工笔，描写细致；

（二）写的伤感，使人读了真要下同情之泪，像读后来李后主的词一样。用字的细腻雅致，杜甫比起他们都嫌太浑厚了。如刘长卿就是这派诗风的开创人，现举他的两首诗为例。《逢郴州使因寄郑协律》诗云：

相思楚天外，梦寐楚猿吟。
更落淮南叶，难为江上心。
衡阳问人远，湘水向君深。
欲逐孤帆去，茫茫何处寻？

又《将赴岭外留题萧寺远公院》（寺即南朝萧内史创）诗云：

竹房遥闭上方幽，苔径苍苍访昔游。
内史旧山空日暮，南朝古木向人秋。
天香月色同僧室，叶落猿啼傍客舟。

此去播迁明主意，白云何事欲相留？

两首诗中像五律的颔联和七律的后半诸句，写得情深意厚，得温柔敦厚之旨，正是标准的中国诗，十才子的风格即由此发端。这种风格的产生，是由于经过天宝一场大乱，人人心灵都受了创伤，所以诗人对时节的改换、人事的变迁都有特殊的敏感，写入诗中便那么一致地寄以无穷的深慨。因此可以这样说，十才子乃是分担时代忧患的一群诗人。

刘长卿之外，还有李嘉祐也是一位感伤诗人，他的《自苏州至望亭驿有作》颔联句云：

野棠自发空流水，江燕初归不见人。

写乱后农村惨象，极为凄切动人，也是为十才子感伤作风开路。这些人由于乱离的遭遇，大抵儿女情多，故长于描写家人、父子和亲友离合的主题。李嘉祐的五律《送王牧往吉州谒王使君》就是这类作品的代表。诗中第三联描写旅途风光句云：

野渡花争发，春塘水乱流。

真是一幅画景。而尾联云：

使君怜小阮，应念倚门愁。

两句连用阮咸、王孙贾故事，暗示人物的叔侄关系和姓氏，用典贴切，不是泛泛之笔，并表现了多么深厚的人情味，这是绝妙的写法。又有《春日淇上作》，第二联云：

清明桑叶小，谷雨杏花稀。

以节令作对仗，点出季节的特殊气氛和画面，不显生硬纤巧，写法亦妙。后半四句是：

卫女红妆薄，王孙白马肥。
相将踏青去，不解惜罗衣。

已是十足的齐、梁风格，至大历十才子出场，便完全回到齐、梁风格方面来了。

所谓大历十才子具体的人名，众说纷纭，我的看法是应该着重于活动在大历年间（766—779年）诗坛上的一群作风相似而又表现了这个时代特点的诗人（逼真的写作技巧和感伤的题材内容），拈出他们创作的特殊成就和在诗歌发展上的影响，不必受"十才子"这个传统数目，也比较容易公平、合理。

根据这个看法，现将大历各家诗人，就其名篇佳句，下面作简要分析。

包氏兄弟（包融子——包何、包佶）

包何有七律《和程员外春日东郊即事》一首云：

> 郎官休浣怜迟日，野老欢娱为有年。
> 几处折花惊蝶梦，数家留叶待蚕眠。
> 藤垂宛地萦珠履，泉逆侵阶浸绿钱。
> 直到闭关朝谒去，莺声不散柳含烟。

美景好句，相得益彰，写尽主人风流逸致，状热闹场景，堪称妙笔。包佶有《秋日过徐氏园林》五律一首，第三联云：

> 鸟窥新罅栗，龟上半欹莲。

亦新奇可诵，开中唐贾岛一派风气。

### 张谓

是写真主义，如五律《过从弟制疑官舍竹斋》次联云：

> 野猿偷纸笔，山鸟污图书。

虽太白《赠崔秋甫》颈联"山鸟下听事，檐花落酒中"，亦无此细致。此种写法容易流于琐碎，但为新的发展。

### 钱起

他以《湘灵鼓瑟》诗著名，尾联"曲终人不见，江上数峰青"当时传为名句，并造作神话加以渲染，钱亦因此颇负盛名。于此可见出张说派的直接影响，代表典型试帖诗的作风。他的赠别、怀人诸作，才显出这个时代的共同格调。如《送夏侯审校书东归》诗云：

> 楚乡飞鸟没，独与碧云还。
> 破镜催归客，残阳见旧山。
> 诗成流水上，梦尽落花间。
> 倘寄相思字，愁人定解颜。

又《裴迪南门秋夜对月》：

> 夜来诗酒兴，月满谢公楼。
> 影闭重门静，寒生独树秋。
> 鹊惊随叶散，萤远入烟流。
> 今夕遥天末，清光几处愁？

皇甫兄弟——皇甫冉、皇甫曾

皇甫冉有五律《西陵寄灵一上人》诗，句云：

> 终日空江上，云山若待人。
> ……
> 回望山阴路，心中有所亲。

皇甫曾有《乌程水楼留别》五律一首，前半云：

> 悠悠千里去,惜此一尊同。
> 客散高楼上,帆飞细雨中。

皆写友情,极为深刻真挚,代表大历诗风的一个特色。

张继

他的名篇是一首七绝诗《枫桥夜泊》:

> 月落乌啼霜满天,江枫渔火对愁眠。
> 姑苏城外寒山寺,夜半钟声到客船。

妙在以景传情,写景不但有精细的画面,而且有浓厚的气氛渲染;所传之情,也是当时一般的旅客愁思,带有典型意义。

于良史

《江上送友人》五律诗云:

> 看尔动行棹,未收离别筵。
> 千帆忽见及,乱却故人船。
> 纷泊雁群起,逶迤沙溆连。
> 长亭十里外,应是少人烟。

写惜别的浓厚友情和皇甫兄弟是一致的。其他各家这类名篇亦自不少,可见出这个时代共同诗风的一个方面。

郎士元

大历十才子中，以钱、郎较有气魄，故颇为时人所重，然而他们那些有气魄的作品并非这个时代的特色，这一点必须明确。郎诗具有时代特色的有《留卢秦卿》：

知有前期在，欢如此夜中。
无将故人酒，不及古淳风。

又《盩厔县郑礒宅送钱大》五律后半首云：

荒城背流水，远雁入寒云。
陶令门前菊，馀花可赠君。

末联似嫌做题。郎诗又有尚雕琢、色泽极浓的特点，如《送张南史》五律前半首云：

雨馀深巷静，独酌送残春。
车马虽嫌僻，莺花不弃贫。

意巧，开晚唐、北宋风格。又七绝《听邻家吹笙》诗云：

凤吹声如隔彩霞，不知墙外是谁家。
重门深锁无寻处，疑有碧桃千树花。

此象征派的诗,用视觉的形象写听觉的感受,把五官的感觉错综使用,使诗的写作技巧又进了一层。他开了贾岛、李贺两派的苦吟之路。

戴叔伦

长于写客愁旅思和送行之作。前者如《除夜宿石头驿》:

> 旅馆谁相问,寒灯独可亲。
> 一年将尽夜,万里未归人。
> 寥落悲前事,支离笑此身。
> 愁颜与衰鬓,明日又逢春。

和《客中言怀》:

> 白发照乌纱,逢人只自嗟。
> 官闲如致仕,客久似无家。
> 夜雨孤灯梦,春风几度花。
> 故园归有日,诗酒老生涯。

后者如《送李明府之任》:

> 身为百里长,家宠五诸侯。
> 含笑听猿狖,摇鞭望斗牛。
> 梅花堪比雪,芳草不知秋。

别后南风起,相思梦岭头。

又长于写风土诗和抒情小诗。前者如七绝《兰溪棹歌》:

凉月如眉挂柳湾,越中山色镜中看。
兰溪三日桃花雨,半夜鲤鱼来上滩。

末二句有鲜明的民歌色彩。写景如画家之画花鸟一般,生动而又集中,东坡题《惠崇春江晚景》绝句无此妙趣。后者如七绝《苏溪亭》:

苏溪亭上草漫漫,谁倚东风十二阑。
燕子不归春事晚,一汀烟雨杏花寒。

取材小而刻画精,含意深而情味永,此词境也。

**耿湋**

写贫病身世之感极为凄楚动人,在大历诸诗人中最有代表性,也善写登临伤怀之作。前者如五律《华州客舍奉和崔端公春城晓望》诗,前三联云:

不语看芳径,悲春懒独行。
向人微月在,报雨早霞生。
贫病催年齿,风尘掩姓名。

又《春日即事》诗云：

> 数亩东皋宅，青春独屏居。
> 家贫童仆慢，官罢友朋疏。
> 强饮沽来酒，羞看读了书。
> 闲花开满地，惆怅复何如！

又《邠州留别》诗云：

> 终岁山川路，生涯总几何？
> 艰难为客惯，贫贱受恩多。
> 暮角寒山色，秋风远水波。
> 无人见惆怅，垂鞚入烟萝。

尾联想见顾影自怜之致，使人为下同情之泪。后者如五律《登沃州山》后半首云：

> 月如芳草远，身比夕阳高。
> 羊祜伤风景，谁云异我曹！

写景虽秀，其情仍悲。诗人伤感情绪的表现，到此已达极点。但伤感是人类感情中最低劣的情绪，如果长期以此自我陶醉欣赏，则将陷入浅薄无聊的境地，所以跟着韩（愈）、孟（郊）、元（稹）、白（居易）接上来了，一从文字意境上进行调整，反对俗滥；一从题材内容加以开拓，反对狭隘，开出中唐另一片新天地。顺着韩、孟的路走下去，便产生贾岛、李贺、李商隐、温庭筠等人的诗风；顺着元、白的路走下去，便有晚唐的聂夷中、杜荀鹤、皮日休、罗隐等人的出现。

张南史

代表大历诗风中另一种写个人闲适生活的格调，它不似盛唐的华贵，也不似晚唐的靡丽，而是追求生活中短暂的自我满足，以求在时代风雨中取得顷刻休息的心情。如五律《富阳南楼望浙江风起》诗次联云：

稍见征帆上，萧萧暮雨多。

又如七律《陆胜宅暮雨中探韵同作》诗次联云：

已被秋风教忆鲙，更闻寒雨劝飞觞。

晚唐韩偓学这联的第二句，写成：

更看槛外霏霏雨，似劝须教醉玉觞。

韩翃

他以帝城《寒食》七绝诗著名：

春城无处不飞花，寒食东风御柳斜。
日暮汉宫传蜡烛，轻烟散入五侯家。

次联既写了宫廷的富贵景象，也暗寓讽喻之情，这是大历诗境的又一共同特色。

司空曙

多凄淡之句，既写感伤情绪，又以诗境自慰，如五律诗中不少这种联句：

孤灯寒照雨，湿竹暗浮烟。（《云阳馆与韩绅宿别》）
雨中黄叶树，灯下白头人。（《喜外弟卢纶见宿》）
人息时闻磬，灯摇乍有风。（《同苗员外宿荐福常师房》）

这些诗句都表现出在大的战乱年代以后诗人心情的悲哀沉恸，却又从诗的创作中得到一种暂时止痛的麻醉剂，以维持在彷徨时代中继续生活下去的勇气。

十才子中，李端、卢纶、李益三人不能同以上诸家并列，因为他们出生年代较晚，离天宝之乱的时间渐远，诗中感伤气氛渐少，成为中唐孟郊诗风的先导。

李端

古诗在这段时间早已绝响，李端又重整旗鼓创出新的境界。如五古《芜城》后半首云：

> 风吹城上树，草没城边路。
> 城里月明时，精灵自来去。

真鬼诗也！李长吉便由此脱胎。李端也有和十才子风格相近的诗，如五律《茂陵春村赠何兆》诗云：

> 春天黄鸟啭，野径白云闲。
> 解带依芳草，支颐想故山。
> 人行九州路，树老五陵间。
> 谁道临邛远，相如自忆还。

又七律《宿淮浦忆司空文明》诗次联云：

> 秦地故人成远梦，楚天凉雨在孤舟。

他写乡旅愁和深厚友情，可以和戴叔伦、皇甫兄弟相匹敌。

## 卢纶

卢纶诗风较李端更为沉酣，感伤情调可以和耿㐦并驾。五律、五绝联句有：

> 两行灯下泪，一纸岭南书。（《夜中得循州赵司马侍郎书因寄回使》）
> 少孤为客早，多难识君迟。（《送李端》）

尘泥来自晚,猿鹤到何先。(《同薛存诚登栖岩寺》)
离人将落叶,俱在一船中。(《与畅当夜泛秋潭》)

七律联句有:

家在梦中何日到,春来江上几人还?
……
谁念为儒逢世难,独将衰鬓客秦关。

(《长安春望》)

三湘愁鬓逢秋色,万里归心对月明。
旧业已随征战尽,更堪江上鼓鼙声。

(《晚次鄂州》)

路绕寒山人独去,月临秋水雁空惊。
衰颜重喜归乡国,身贱多惭问姓名。

(《至德中途中书事却寄李侗》)

这些叹老嗟卑的诗句,给中、晚唐留下了不少的坏影响。他的最出色的创作当推《和张仆射塞下曲》六章。试举三章为例:

鹫翎金仆姑,燕尾绣蝥弧。
独立扬新令,千营共一呼。

> 林暗草惊风,将军夜引弓。
> 平明寻白羽,没在石棱中。

> 月黑雁飞高,单于夜遁逃。
> 欲将轻骑逐,大雪满弓刀。

以五绝短章,写边塞壮景,比盛唐太白、龙标的七绝又别开生面,在全唐诗中也是独造境界,诚为千古绝唱。

李益

李益的诗比卢纶更慷慨。和大历诗风一致的作品是写人生离合这一部分,代表作品如《喜见外弟又言别》:

> 十年离乱后,长大一相逢。
> 问姓惊初见,称名忆旧容。
> 别来沧海事,语罢暮天钟。
> 明日巴陵道,秋山又几重。

但他的特出成就并不在于此,而是那些歌咏从军的边塞诗,如七律《盐州过胡儿饮马泉》诗:

> 绿杨著水草如烟,旧是胡儿饮马泉。
> 几处吹笳明月夜,何人倚剑白云天。
> 从来冻合关山路,今日分流汉使前。

莫遣行人照容鬓,恐惊憔悴入新年。

尤其是他的绝句为中唐之冠,五绝名篇如《江南曲》:

嫁得瞿塘贾,朝朝误妾期。
早知潮有信,嫁与弄潮儿。

不减盛唐崔颢、崔国辅,七绝可抗太白、龙标。唐人绝句特点在富于音乐性,感人在直接方面,节奏必须重叠。李益七绝名篇不少,名句如:

不知何处吹芦管,一夜征人尽望乡。(《夜上受降城闻笛》)
碛里征人三十万,一时回首月中看。(《从军北征》)
无限塞鸿飞不度,秋风卷入小单于。(《听晓角》)
洞庭一夜无穷雁,不待天明尽北飞。(《春夜闻笛》)

意境都是一致的。又有《边思》七绝一首诗云:

腰悬锦带佩吴钩,走马曾防玉塞秋。
莫笑关西将家子,只将诗思入凉州。

这是诗人的自叙,简直可题在他诗集的前面,概括他诗的主要风格。像卢纶、李益这样的边塞诗,既可说是盛唐边塞诗的发展,又可作为唐人边塞诗的尾声。边塞诗在中唐以后何以竟成了绝响，这也是一个值得好好研究的问题。

总括来说，大历诗人在数量方面为唐代第一，水准也高，但无大家和大的变化。形式多是五、七言近体诗，五律尤多，内容只限于个人的身世遭遇和一般生活感受，情绪偏于感伤，而艺术则着重于景物的细致刻画，这种倾向为词的诞生做了准备。故所谓大历十才子实际上可看成一个人，只韦苏州（应物）是例外，气势稍弱，在弱处更表现出他的个性。读这时代的诗，往往使人引起像怜悯幼儿的心情。

## 十、孟郊

孟郊一变前人温柔敦厚的作风，以破口大骂为工，句多凄苦，使人读了不快，但他的快意处也在这里，颇有点像现代人读俄国杜斯妥也夫斯基（今译陀思妥耶夫斯基）小说的那种味道。

孟郊又长于小学，故用字多生僻，可是他的作风却是多方面的。奇句如："唯开文字窗，时写日月容。"（《寻言上人》）长吉即专学这种笔法。孟郊的《赠郑夫子鲂》诗云：

> 天地入胸臆，吁嗟生风雷。
> 文章得其微，物象由我裁。
> 宋玉逞大句，李白飞狂才。
> 苟非圣贤心，孰与造化该？
> 勉矣郑夫子，骊珠今始胎！

是写作的最高见解，太白亦不可及。又《听蓝溪僧为元居士说维摩经》诗云：

> 古树少枝叶，真僧亦相依。
> 山木自曲直，道人无是非。
> 手持维摩偈，心向居士归。
> 空景忽开霁，雪花犹在衣。
> 洗然水溪昼，寒物生光辉。

此写雪景，亦反映孟郊的心境，东坡等喜学此格。《访嵩阳道士不遇》句云：

> 日下鹤过时，人间空落影。

是双关语，宋诗格调发源于此。古今中外诗境当不脱唐、宋人所造的两种境界，前者是浪漫的，后者是写实的；唐人贵镕情而宋人重炼意，所谓炼意，即诗人多谈哲理的作风。

孟郊又有《桐庐山中赠李明府》句云："千山不隐响，一叶动亦闻。"写极静境界妙极。又《怀南岳隐士》颔联云："藏千寻瀑水，出十八高僧。"在句法上创上一下四格，打破前例，使晚唐和宋人享受无穷。黄山谷（庭坚）赞东坡诗有句云："公如大国楚，吞五湖三江。"即用此格。同题诗第二首颈联句云："枫杞楷酒瓮，鹤虱落琴床。"这又是向丑中求美的表现，后来成为宋诗的一种重要特色。

以上所说，只是孟郊在写作见解和诗歌艺术方面的一些创格，他主要的成就还在于对当时人情世态的大胆揭露和激烈攻击。因为孟郊一生穷困潦倒，历尽酸辛，故造语每多凄苦，如：

> 愁与发相形，一愁白数茎。
> 有发能几多，禁愁日日生！　　　（《自叹》）

> 无子抄文字，老吟多飘零。
> 有时吐向床，枕席不解听。　　　（《老恨》）

唯其生计艰难，故入世最深，深情迸发，形成他愤世骂（嫉）俗的突出风格，他是这样的怨天尤人：

> 古若不置兵，天下无战争。
> 古若不置名，道路无欹倾。
> 太行耸巍峨，是天产不平。
> 黄河奔浊浪，是天生不清。　　　（《自叹》）

又是那样地怒今斥古：

> 詈言不见血，杀人何纷纷。
> 声如穷家犬，吠窦何阗阗。
> 詈痛幽鬼哭，詈侵黄金贫。
> 言词岂用多，憔悴在一闻。
> 古詈舌不死，至今书云云。

> 今人咏古书,善恶宜自分。
> 秦火不蓺舌,秦火空蓺文。
> 所以詈更生,至今横絪缊。(《秋怀》之一)

韩昌黎称他这种骂风叫"不平则鸣",可见他在继承杜甫的写实精神之外,还加上了敢骂的特色,这不仅显示了时代的阴影,更加强了写实艺术的批判力量。这和后来苏轼鼓吹的"每饭不忘君父"的杜甫精神显然是对立的,无怪东坡对他要颇有微词了。拿白居易的《秦中吟》《新乐府》诸作和孟诗相比,那无非是士人在朝居官任内写的一些宣扬政教的政治文献而已,一朝去职外迁,便又写他的"感伤诗""闲适诗"去了。因此,白居易的最大成就只能是《长恨歌》《琵琶行》而不是其他。

孟郊是以毕生精力和亲身的感受用诗提出血泪的控诉,孟诗动人的力量当然要远超过那些代人哭丧式的纯客观描写,它们是那么紧紧扣人心弦,即使让人读了感到不快,但谁也不能否认这些作品展开的是一个充满不平而又活生生的有血有肉的真实世界,使人读了想到自己该怎么办。

所以,从中国诗的整个发展过程来看,我认为最能结合自己生活实践继承发扬杜甫写实精神,为写实诗歌继续向前发展开出一条新路的,似乎应该是终生苦吟的孟东野,而不是知足保和的白乐天。

# 词之起源

梁启超

诗歌作长短句,汉魏乐府既有之,至南北朝人作品,其音节与后世之词相近者尤夥,如《咸阳王》《敕勒川》《杨白花》《休洗红》诸篇其最著也。其每篇句法字数有一定者,则有如梁武帝之《江南弄》:

众花杂色满上林,舒芳耀绿垂轻阴。连手蹀躞舞春心。
舞春心,临岁腴,中人望,独踟蹰。

据《古今乐录》,此曲为武帝改"西曲"所制。凡七篇:(一)《江南弄》、(二)《龙笛》、(三)《采莲》、(四)《凤笙》、(五)《采菱》、(六)《游女》、(七)《朝云》。同时沈约亦作四篇,简文帝亦作三篇,其调皆同一。武帝《采菱》云:

江南稚女珠腕绳,金翠摇首红颜兴。桂棹容与歌采菱。
歌采菱,心未怡,翳罗袖,望所思。

简文帝《龙笛》云：

金门玉堂临水居，一颦一笑千万余。游子去还愿莫疏。
愿莫疏，意何极，双鸳鸯，两相忆。

观此可见凡属于《江南弄》之调，皆以七字三句、三字四句组织成篇。七字三句，句句押韵，三字四句，隔句押韵。第四句——"舞春心"，即覆叠第三句之末三字，如《忆秦娥》调第二句末三字——"秦楼月"也。似此严格的一字一句，按谱制调，实与唐末之"倚声"新词无异。

梁武帝复有《上云乐》七曲，自制以代"西曲"者，今录其《桐柏》一曲：

桐柏真，升帝宾。戏伊谷，游洛滨。参差列凤管，容与起梁尘。望不可至，徘徊谢时人。

此七曲句法字数亦同一，唯内中有两首于首四句之三字句省却一句，是否传抄脱落，不得而知。此外如沈约之《六忆诗》，隋炀帝全依其谱为《夜起朝眠曲》。僧法云之《三洲歌》，徐勉之《送客》《迎客曲》，皆有一定字句。此种曲调及作法，其为后来填词鼻祖无疑。故朱弁《曲洧旧闻》谓："词起于唐人，而六代已滥觞也。"但严格的词，非唯六代所无，即中唐以前亦未之见。

词究起于何时耶？凡事物之发生成长皆以渐，一种文学之成立，中间几经蜕变，需时动百数十年。欲画一鸿沟以确指其年代，为事殆不可能。今案宋人论词之起源，盖有三说：

其一，晚唐说。陆游云："倚声制词，起于唐之季世。"

其二，中唐说。沈括云："……诗之外又有'和声'，则所谓曲也。古乐府皆有声有词，连属书之，如曰'贺贺贺''何何何'之类，皆和声也。今管弦中之'缠声'，亦其遗法也。唐人乃以词填入曲中，不复用'和声'，此格虽云自王涯始，然贞元、元和之间，为之者已多，亦有在涯之前者。"

其三，盛唐说。李清照云："乐府声诗并著，最盛于唐。开元、天宝间，有李八郎者，能歌擅天下。……自后郑卫之声日炽，流靡之变日烦，已有《菩萨蛮》《春光好》《莎鸡子》《更漏子》《浣溪沙》《梦江南》《渔父》等词，不可偏举……"

上三说若极不相容，其实皆是也。大抵新体的"乐府声诗"，当开元、天宝间已盛起。"以词填入曲中"，实托始于贞元、元和之际（785—820年）。至严格的"倚声制词"，每调字句悉依其谱，则历唐季五代始能以附庸蔚为大国也。

汉魏乐府，十九皆四言或五言古诗，齐梁乐府，十九皆类似绝句的五言四句，皆句法、字数篇篇相同，而谱调各别。汉魏之谱，六朝时已渐次沦亡，齐梁之谱，至唐景龙间（707—710年）尚存六十三曲，中叶后仅存三十七曲。音乐随时好而蜕变，本是自然之理，加以唐时武功极盛，与西北诸部落交通频繁，所谓"胡部乐"者纷纷输入。玄宗以右文之主，御宇四十年，其间各种文化进步皆达最高潮，而音乐尤为其所笃嗜，有名之《霓裳羽衣曲》即其所手制。以故开元、天宝间新声叠起，崔令钦《教坊记》载三百二十四调，其中所有后世词调名不少。但其歌词之有无，不可深考。

郭茂倩《乐府诗集》有"近代曲词"一门，所收皆盛唐以后之新声也。内中八十余调，如《水调》《凉州》《伊州》《石州》《采桑》《思归乐》《破阵乐》《浣沙女》《长命女》《一片子》《醉公子》《甘州》《山鹧鸪》《何满子》《清平调》《回波乐》《大酺乐》《雨霖铃》《竹枝》《杨柳枝》《浪淘沙》《抛球乐》《忆江南》《调笑》《踏歌》等，或与后此词调名全同——如《浪淘沙》《忆江南》之类，或为后此词调所本——如《浣沙女》转为《浣溪沙》，《山鹧鸪》转为《瑞鹧鸪》及《鹧鸪天》，《水调》转为《水调歌头》，《甘州》转为《八声甘州》之类。

内中所载歌辞，虽半属中唐作品，然亦有在盛唐及其以前者，如《回波乐》作者沈佺期、李景伯，《大酺乐》作者杜审言，皆中宗、睿宗时人。《忆岁乐》作者张说，《清平调》作者李白，皆玄宗时人。凡此皆声诗——即词之鼻祖自初、盛唐之间已发生者。

# 宋词的两股潮流

龙榆生

一般词的批评家,爱把宋词分作豪放和婉约两派。前者以苏轼作为代表人物,后者以秦观作为代表人物。这种就风格上的分法,虽是出于明人张綖,但据南宋俞文豹《吹剑续录》的记载:

东坡在玉堂,有幕士善讴,因问:"我词比柳词何如?"对曰:"柳郎中词,只好合十七八女孩儿,执红牙板,唱'杨柳岸晓风残月'。学士词,须关西大汉,执铁板,唱'大江东去'。"公为之绝倒。

可见这个差别之说是由来已久的。但为什么会有这两种不同的风格和流派呢?因两者写作的动机和作用各不相同,当然就会产生和他的内容相适应的不同风格。我们知道,词在宋代是配合着管弦来唱的,当然首先就得讲究协律,从而达到"音节谐婉"的地步。而且这种唱词,大多数流行于都市,为了迎合市民心理,就得偏于描摹男女恋慕和伤离念远的情感。当时这类作品,就是王世贞所说的"香而弱"(《艺苑卮言》)的一派。

这一派的特点,就是一要音节和谐,二要情调软美。由于这两个条件的限制,就很难容纳丰富的内容和表达豪爽的气概,使作者只在音律和技巧上打圈子,陷身于泥淖而不能自拔。但这些作品的"语工而入律"(叶梦得《避暑录话》卷三记当时赞美秦观词的话),在当时是最受歌者和听众欢迎的,所以一直成为所谓词的正宗。它的远源,是从花间一派来的。我们与其说它是婉约派,不如说它是正统派,而把以苏轼为首的豪放派称作革新派。

正统派的特征就是特别重视协律。从北宋的柳永、秦观、周邦彦以至南宋的姜夔、吴文英,虽然面目各有不同,而步趋却是一致的。

柳永以后,一般称秦七(观)、黄九(庭坚)为当代词首(见陈师道《后山诗话》)。秦词受柳永影响,曾被他的老师苏轼所讥评,至作为"山抹微云秦学士,露花倒影柳屯田"的对句(见《避暑录话》卷三),并且当面斥责他:"不意别后,公却学柳七作词!"(见《高斋诗话》)正因为秦词的和婉缠绵,所以能盛行于淮、楚(今苏北)一带。他的代表作如《满庭芳》:

山抹微云,天连衰草,画角声断谯门。暂停征棹,聊共引离尊。多少蓬莱旧事,空回首、烟霭纷纷。斜阳外,寒鸦万点,流水绕孤村。

销魂,当此际,香囊暗解,罗带轻分。谩赢得、青楼薄幸名存。此去何时见也?襟袖上、空惹啼痕。伤情处,高城望断,灯火已黄昏。

它所表现的只是一个风流才子的感伤情绪,没有什么值得称道的。但就它的描写手法看,他把一种凄黯的江天景色和难分难舍的离情巧妙地结合起来,在彼时彼地,确也有几分迷人的魅力。至于他在贬谪之后,就全变为凄厉之音。在封建社会制度下,士大夫的苦闷心情,除了运用这种含蓄的笔调,是没法发泄的。例如《阮郎归》:

湘天风雨破寒初,深沉庭院虚。丽谯吹罢小单于,迢迢清夜徂。乡梦断,旅魂孤,峥嵘岁又除。衡阳犹有雁传书,郴阳和雁无!

在开拓词的领域方面有功勋的,柳永以后,就得数到周邦彦。他出生于湖山秀丽的杭州,对文学有深厚的基础,又好音乐,能自度曲(见《宋史》卷四百四十四《文苑传》)。徽宗(赵佶)设大晟府,作为整理创作乐曲的机关,曾要他做提举官。他和音乐家万俟咏、田为等"讨论古音,审定古调……又复增演慢曲、引、近,或移宫换羽,为三犯、四犯之曲"(张炎《词源》卷下)。

他的《清真集》有不少创调;也有宫廷中流传下来的古曲,如《兰陵王慢》的谱子,后来还流传到南方来(参考毛开《樵隐笔录》)。近人王国维曾经说过:"读先生之词,于文字之外,须更味其音律。今其声虽亡,读其词者,犹觉拗怒之中,自饶和

婉,曼声促节,繁会相宣,清浊抑扬,辘轳交往。"(《清真先生遗事》)

周邦彦词值得我们借鉴的,这音律的运用要算首要部分。它那句法节奏,都是随着声情变化的。例如《兰陵王》:

柳阴直,烟里丝丝弄碧。隋堤上,曾见几番,拂水飘绵送行色。登临望故国。谁识京华倦客?长亭路,年去岁来,应折柔条过千尺。

闲寻旧踪迹。又酒趁哀弦,灯照离席。梨花榆火催寒食。愁一箭风快,半篙波暖,回头迢递便数驿,望人在天北。

凄恻,恨堆积。渐别浦萦回,津堠岑寂。斜阳冉冉春无极。念月榭携手,露桥闻笛。沉思前事,似梦里,泪暗滴。

又如《绕佛阁》:

暗尘四敛,楼观迥出,高映孤馆。清漏将短,厌闻夜久、签声动书幔。桂华又满,闲步露草,偏爱幽远。花气清婉,望中迤逦,城阴度河岸。

倦客最萧索,醉倚斜桥穿柳线。还似汴堤、虹梁横水面,看浪飐春灯,舟下如箭。此行重见。叹故友难逢,羁思空乱。两眉愁、向谁舒展?

且看他的四声安排和句式长短以及使用韵脚,都有很多变化。上一首三段各不相同,下一首则前两段全同而后一段自异。

这两个曲调，有的句子特别长，有的运用许多偶句，全靠领格字负起转身换气的职责，使全局振奋起来，音节是异常激越的。前人称清真为"集大成"的作者（见周济《宋四家词选》序论）。单从音律和技巧上说，他的词有很多特点，是值得我们学习的。

自从金兵南侵，汴京沦陷之后，大晟遗谱和教坊伎人，都随着政治中心的转移而大部散失了。虽然民间艺人又有不断的创作，也有流落在北方的歌女，经过金、元的改朝换代，还能唱清真词的（见张炎《意难忘》词）；但从整个的发展情况来说，文人所写的歌词，是渐渐脱离音乐而自成其为"长短不葺"的新体诗了。

南宋偏安杭州，不再有教坊的设置；只少数大官僚、大地主家还养着歌女，习歌舞以资娱乐。例如退老石湖的范成大，就曾叫家伎学唱姜夔创作的《暗香》《疏影》（见《白石道人歌曲》卷四）；南宋大将张俊的孙儿张镃也在海盐营有别墅，常叫"歌儿衍曲，务为新声"（见李日华《紫桃轩杂缀》卷三），形成所谓海盐腔，它的初起，正是为了少数人宴会亲朋，作为娱乐的。

姜夔原籍鄱阳，生长于湖北，成年以后，尝往来于金陵、扬州、合肥和吴兴、苏、杭之间。他自己既长于音律，五、七言诗和长短句词都写得很好。因为常去范、张两家做客，接触歌舞伎人的机会也就多了起来。这些大官僚地主家由于主人好尚风雅，而且自己也都能作诗、填词，从而他们家里所养歌伎所唱的，对文学艺术上的要求，必然趋向于典雅一路。

姜夔恰是一个最适当的创作家。夔自称："予颇喜自制曲。初率意为长短句，然后协以律。"（《白石道人歌曲》卷四《长亭怨慢》小序）他的《夜过垂虹》绝句又有"自作新词韵最娇，小红低唱我吹箫"的句子。可见他所创作的新曲，是用管乐来伴奏的，和北宋词用弦索伴奏的有所不同。它的声情是比较清越的。现存白石自度曲十七支，每个字旁边都缀有音谱，是研究南宋词乐的唯一完整资料。近人把它译作工尺谱或五线谱者，已有多人。我这里只就它在文字上的音节和技法来讲。他的词虽没有多少反映当时民族矛盾和阶级矛盾的思想内容，却也不是什么靡靡之音。例如《扬州慢》：

淮左名都，竹西佳处，解鞍少驻初程。过春风十里，尽荠麦青青。自胡马窥江去后，废池乔木，犹厌言兵。渐黄昏，清角吹寒，都在空城。

杜郎俊赏，算而今，重到须惊。纵豆蔻词工，青楼梦好，难赋深情。二十四桥仍在，波心荡，冷月无声。念桥边红药，年年知为谁生？

这词描写金兵南下后的扬州，是何等荒凉景象！后半阕借用杜牧的"十年一觉扬州梦"来反映都市繁华转眼成空，借以寄托金兵侵凌、故国丘墟的沉痛心情，不是对青楼薄幸的放荡生活有所留恋。

清初浙西词派极度尊崇姜夔，说"词莫善于姜夔，宗之者张辑、卢祖皋、史达祖、吴文英、蒋捷、王沂孙、张炎、周密、陈允平、张翥、杨基，皆具夔之一体"（朱彝尊《黑蝶斋词序》）。这是从他的风格和技法上来说的。我们现在对姜词的注意点，可以主要放在他的自度曲上。

在这所谓正统派中,虽然作者甚多,弥漫于赵宋一代,而且影响及于清末;但就协律方面来说,也只有柳永、周邦彦、姜夔三家发挥过一些创造性,为填词家开辟了不少田地,这一点是应该予以肯定的。

词的形式,虽然一样也可以反映社会现实,表达广大人民的思想感情,而且唐、五代时的民间作者已经这样利用过它,后来的诸宫调和戏文等也都运用过这些曲调来歌唱一些为群众所喜闻乐见的故事;然而所有诗人为什么不这样做,而仅仅局限在这小圈子内呢?

过去我国的士大夫都是保守性很强的。他们以为文各有体,要反映现实,为广大人民说话,或者抒写个人悲壮感慨的思想感情,尽有元稹、白居易一派的新乐府和历来诗人用惯的五、七言古、近体诗,可供运用,而这个新兴入乐的长短句是只适宜描写男女恋慕和伤离念远之情的。这只要看看欧阳修写的诗和词,在内容和风格上两者都截然不同,这消息就不难猜透了。但一种新形式到了十分成熟的时候,就有人会打破清规戒律,给它拓大范围,革新内容。以苏轼为首的革新派,就是这样应运而兴的。

在苏轼之前,已有范仲淹的《渔家傲》:

塞下秋来风景异,衡阳雁去无留意。四面边声连角起。千嶂里,长烟落日孤城闭。浊酒一杯家万里,燕然未勒归无计。羌管悠悠霜满地。人不寐,将军白发征夫泪。

王安石的《桂枝香》：

登临送目，正故国晚秋，天气初肃。千里澄江似练，翠峰如簇。归帆去棹残阳里，背西风，酒旗斜矗。彩舟云淡，星河鹭起，画图难足。

念往昔、繁华竞逐。叹门外楼头，悲恨相续。千古凭高对此，漫嗟荣辱。六朝旧事随流水，但寒烟衰草凝绿。至今商女，时时犹唱，《后庭》遗曲。

像这种悲壮豪迈的格调，是过去和当时流行的歌词中所没有的。

苏轼在过去文人中，具有豪迈直爽的性格和关怀民生的政治抱负。虽然他在政治路线上是属于代表大地主阶级的保守派，但他在实际政治生活中，也替人民做了不少好事，基本上是同情劳动人民的。由于他的豪迈性格，不惜冲破一切罗网，开径独行。他不满足于那种一味香软的歌词，而又感到这个新形式大有足供驰骋的余地，就毫无顾虑地把这小圈子的门限打开了。

他从范仲淹、王安石初步踏出的道路，尽量向前发展，以自成其为一种"句读不葺"的新体格律诗（李清照对苏词的评语）。王灼说得好："东坡先生非心醉于音律者，偶尔作歌，指出向上一路，新天下耳目，弄笔者始知自振。"（《碧鸡漫志》卷二）

南宋胡寅也说："眉山苏氏，一洗绮罗香泽之态，摆脱绸缪宛转之度，使人登高望远，举首高歌，而逸怀浩气，超然乎尘垢之外，于是花间为皂隶，而柳氏为舆台矣！"（《酒边词序》）

这都是作者发挥创造性，敢于冲破罗网的结果。他所选用的曲调，都是比较适宜于抒写豪情的，如《水龙吟》《念奴娇》《贺新郎》《满江红》《永遇乐》《八声甘州》之类。他单刀匹马，纵横驰突于纪律森严的行阵中，右折左旋，无不如志。这是东坡词的特点，为后来爱国词人辛弃疾开辟了广阔的道路。他的代表作，如题为"赤壁怀古"的《念奴娇》：

大江东去，浪淘尽，千古风流人物。故垒西边，人道是，三国周郎赤壁。乱石穿空，惊涛拍岸，卷起千堆雪。江山如画，一时多少豪杰。

遥想公瑾当年，小乔初嫁了，雄姿英发。羽扇纶巾，谈笑间，樯橹灰飞烟灭。故国神游，多情应笑我，早生华发。人生如梦，一尊还酹江月。

像这样轰轰烈烈的大战役，作者运用重点突出和环境烘托的手法，把它有声有色地描绘出来，一直为当时及后来读者所共传诵。他的襟怀坦荡，无往而不自得，也充分表现在他的小词中。例如《临江仙》：

夜饮东坡醒复醉，归来仿佛三更。家童鼻息已雷鸣。敲门都不应，倚杖听江声。

长恨此身非我有，何时忘却营营？夜阑风静縠纹平。小舟从此逝，江海寄余生。

这是他谪贬在黄州时的作品,写得何等洒脱!他也比较接近农民。且看他在做徐州太守时所作《浣溪沙》中对农村生活的描写:

旋抹红妆看使君,三三五五棘篱门。相挨踏破茜罗裙。
老幼扶携收麦社,乌鸢翔舞赛神村。道逢醉叟卧黄昏。

麻叶层层苘叶光,谁家煮茧一村香?隔篱娇语络丝娘。
垂白杖藜抬醉眼,捋青捣䴲软饥肠。问言豆叶几时黄?

写出了农村中的熙攘景象以及他和农民接触时的情景。这种作品,是在东坡以前的词里所看不到的。

苏轼打破了词的清规戒律,不拘什么样的思想内容,都可以运用这种新形式表达出来。这就为长短句歌词注入了新生命,而为一般豪杰之士所共欢迎,使它在脱离音乐之后,仍能保持它的清新活泼姿态,活跃于我国文学园地中,起着激发爱国热情和鼓舞人心的作用。这一业绩的开创,是不能不首先归功于苏轼的。

与苏轼同时的黄庭坚、晁补之都是跟着苏轼走的。还有贺铸也受他们的影响,发挥豪迈作风。这样发展下来,恰当金兵南下,北宋王朝遭到颠覆,民族矛盾日益加深,于是若干爱国词人和民族英雄,将一腔热忱借这一文学形式尽情发泄。于是东坡一脉,由黄庭坚、晁补之、贺铸以至陈与义、叶梦得、朱敦儒、张孝祥、张元幹、陆游等人,绵延而下,以迄南、北宋之际而风发云涌,不可复遏。而岳飞的《满江红》,更是广大读者传诵不衰的。当时风气,填词趋向东坡一路,确是实际情形。不但宋人如此,金人如蔡松年等也都一脉相承,发挥这种豪迈作风。

这一派词人中,特别值得重视的是辛弃疾。他出生在早经沦陷的济南,在文学修养上早就接受了这种豪迈作风。他怀抱恢复失地的雄心,十八岁就参加耿京的农民起义军,劝耿京决策南向。二十三岁独自回到建康(今江苏南京),一直想大举北伐,以雪国耻。而满腔热血,不得有所发挥,悲愤之余,乃托于歌词,用来排遣胸中抑郁不平的气闷。他曾有一首追念少年时事的《鹧鸪天》:

壮岁旌旗拥万夫,锦襜突骑渡江初。燕兵夜娖银胡䩮,汉箭朝飞金仆姑。追往事,叹今吾,春风不染白髭须。却将万字平戎策,换得东家种树书!

这烈士暮年的感慨,也概括了他的一生,音调沉雄,词句简练,确不愧为一时的杰作。他的《稼轩长短句》,使人一气读下,真有"大声镗鞳,小声铿鍧,横绝六合,扫空万古"(《后村大全集》卷九十八《辛稼轩集序》)的感觉。总的说来,大部分都是他的爱国主义思想的表现。可惜他的毕生壮志,被一班主和派所扼杀,从而表现在他的作品上,又多属沉郁悲壮的凄音。例如"淳熙己亥,自湖北漕移湖南"时所写的《摸鱼儿》:

更能消、几番风雨,匆匆春又归去。惜春长怕花开早,何况落红无数。春且住!见说道、天涯芳草无归路。怨春不语。算只有殷勤,画檐蛛网,尽日惹飞絮。

长门事,准拟佳期又误。蛾眉曾有人妒。千金纵买相如赋,脉脉此情谁诉?君莫舞!君不见、玉环飞燕皆尘土。闲愁最苦。休去倚危栏,斜阳正在,烟柳断肠处。

他把南宋偏安的危险局面和小朝廷中互相倾轧的内部矛盾,运用比兴手法,尽情表露出来,千回百折,而归结于国事的难以挽救。这和屈原的《离骚》是异曲同工的。

稼轩词的内容,是过去词家所不曾有的。内容决定形式,因而他所选用的调子,也就多属于格局开张和音响悲壮的一路,如《贺新郎》《满江红》《念奴娇》《沁园春》等,都是他所最爱使用的。他在晚年饱经忧患之后,渐渐接受庄周的达观思想,也最爱读陶潜的田园诗。但他的爱国热忱,却始终压抑不下去。尽管他寄情山水,陶醉于农村生活,但梦寐不忘少年鞍马,一直抱着积极态度,到死方休。且看他的《清平乐·独宿博山王氏庵》:

绕床饥鼠,蝙蝠翻灯舞。屋上松风吹急雨,破纸窗间自语。
平生塞北江南,归来华发苍颜。布被秋宵梦觉,眼前万里江山。

这胸次是何等壮阔!再看他的《沁园春·灵山斋庵赋,时筑偃湖未成》:

叠嶂西驰,万马回旋,众山欲东。正惊湍直下,跳珠倒溅;

小桥横截,缺月初弓。老合投闲,天教多事,检校长身十万松。吾庐小,在龙蛇影外,风雨声中。

争先见面重重,看爽气朝来三数峰。似谢家子弟,衣冠磊落;相如庭户,车骑雍容。我觉其间,雄深雅健,如对文章太史公。新堤路,问偃湖何日,烟水蒙蒙?

你看他把自然界的景物,当作战阵中的部队一样指挥运用,使人感到生气勃勃,波澜壮阔。这替后来所有豪杰之词,开辟了无穷的新天地。

辛弃疾政治失意后,长期闲居乡村,经常接触农民,熟悉农村生活。他对农民的深厚感情,时时流露在他的小词里面。例如他的两首《清平乐》:

柳边飞鞚,露湿征衣重。宿鹭窥沙孤影动,应有鱼虾入梦。
一川明月疏星,浣纱人影娉婷。笑背行人归去,门前稚子啼声。

茅檐低小,溪上青青草。醉里吴音相媚好,白发谁家翁媪?
大儿锄豆溪东,中儿正织鸡笼。最喜小儿无赖,溪头卧剥莲蓬。

这对农村生活的体会,是十分真实的,而且用的全是朴素的语言,何等亲切有味!

词,发展到了辛弃疾,完全成为一种新体的格律诗了。它渐渐和音乐脱离，而仍保持着它的音乐性。这样就使词的形式，长远作为英雄豪杰用以抒写热烈感情的特种工具，放射出无限的光芒。这开端于苏轼，而扩展于辛弃疾的伟大事业，是值得大书特书的。

与辛弃疾同时的作家，还有刘过、陈亮。宋末则（有）刘克庄、刘辰翁、汪元量、文天祥等，在民族矛盾日益加深之际，也都能以沉雄激壮的作风，发扬民族正气，为历史生色。

# 诗词鉴赏

# 《古诗十九首》释

朱自清

诗是精粹的语言。因为是"精粹的",便比散文需要更多的思索,更多的吟味;许多人觉得诗难懂,便是为此。但诗究竟是"语言",并没有真的神秘;语言,包括说的和写的,是可以分析的;诗也是可以分析的。只有分析,才可以得到透彻的了解;散文如此,诗也如此。有时分析起来还是不懂,那是分析得还不够细密,或者是知识不够,材料不足;并不是分析这个方法不成。这些情形,不论文言文、白话文、文言诗、白话诗,都是一样。不过在一般不大熟悉文言的青年人,文言文,特别是文言诗,也许更难懂些罢了。

我们设"诗文选读"这一栏,便是要分析古典和现代文学的重要作品,帮助青年诸君的了解,引起他们的兴趣,更注意的是要养成他们分析的态度。只有能分析的人,才能切实欣赏;欣赏是在透彻的了解里。一般的意见将欣赏和了解分成两橛,实在是不妥的。没有透彻的了解,就欣赏起来,那欣赏也许会驴唇不对马嘴,至多也只是模糊影响。一般人以为诗只能综合地欣赏,一分析诗就没有了。其实诗是最错综的，最多义的，非得细密的分析工夫，不能捉住它的意旨。若是囫囵吞枣地读去，所得着的怕只是声调、辞藻等一枝一节，整个儿的诗会从你的口头、眼下滑过去。

本文选了《古诗十九首》作对象，有两个缘由。一来《十九首》可以说是我们最古的五言诗，是我们诗的古典之一。所谓"温柔敦厚""怨而不怒"的作风，《三百篇》之外，《十九首》是最重要的代表。直到六朝，五言诗都以这一类古诗为标准；而从六朝以来的诗论，还都以这一类诗为正宗。《十九首》影响之大，从此可知。

二来《十九首》既是诗的古典，说解的人也就很多。古诗原来很不少，梁代昭明太子（萧统）的《文选》里却只选了这十九首。《文选》成了古典，《十九首》也就成了古典；《十九首》以外，古诗流传到后世的，也就有限了。唐代李善和"五臣"给《文选》作注，当然也注了《十九首》。嗣后历代都有说解《十九首》的，但除了《文选》注家和元代刘履的《选诗补注》，整套作解的似乎没有。清代笺注之学很盛，独立说解《十九首》的很多。近人隋树森先生编有《古诗十九首集释》一书（中华版），搜罗历来《十九首》的整套的解释，大致完备，很可参看。

这些说解，算李善的最为谨慎、切实；虽然他释"事"的地方多，释"义"的地方少。"事"是诗中引用的古事和成辞，普通称为"典故"。"义"是作诗的意思或意旨，就是我们日常说话里的"用意"。有些人反对典故，认为诗贵自然，辛辛苦苦注出诗里的典故，只表明诗句是有"来历"的，作者是渊博的，并不能增加诗的价值。另有些人也反对典故，却认为太麻烦，太繁琐，反足为欣赏之累。

可是，诗是精粹的语言，暗示是它的生命。暗示得从比喻和组织上作工夫，利用读者联想的力量。组织得简约紧凑，似乎断了，实在连着。比喻或用古事成辞，或用眼前景物。典故其实是比喻的一类。这首诗那首诗可以不用典故，但是整个儿的诗是离不开典故的。旧诗如此，新诗也如此；不过新诗爱用外国典故罢了。要透彻地了解诗，在许多时候，非先弄明白诗里的典故不可。陶渊明的诗，总该算"自然"了，但他用的典故并不少。从前人只囫囵读过，直到近人古直先生的《靖节诗笺定本》，才细细地注明。我们因此增加了对于陶诗的了解；虽然我们对于古先生所解释的许多篇陶诗的意旨并不敢苟同。李善注《十九首》的好处，在他所引的"事"都跟原诗的文义和背景切合，帮助我们的了解很大。

别家说解，大都重在意旨。有些是根据原诗的文义和背景，却忽略了典故，因此不免望文生义，模糊影响。有些并不根据全篇的文义、典故、背景，却只断章取义，让"比兴"的信念支配一切。所谓"比兴"的信念，是认为作诗必关教化；凡男女私情，相思离别的作品，必有寄托的意旨——不是"臣不得于君"，便是"士不遇知己"。这些人似乎觉得相思、离别等等私情不值得作诗；作诗和读诗，必须能见其大。但是原作里却往往不见其大处。于是他们便抓住一句两句，甚至一词两词，曲解起来，发挥开去，好凑合那个传统的信念。这不但不切合原作，并且常常不能自圆其说；只算是无中生有，驴唇不对马嘴罢了。

据近人的考证,《十九首》大概作于东汉末年,是建安(献帝)诗的前驱。李善就说过,诗里的地名像"宛""洛""上东门",都可以见出有一部分是东汉人作的;但他还相信其中有西汉诗。历来认为《十九首》里有西汉诗,只有一个重要的证据,便是第七首里"玉衡指孟冬"一句话。李善说,这是汉初的历法。后来人都信他的话,同时也就信《十九首》中一部分是西汉诗。不过李善这条注并不确切可靠,俞平伯先生有过详细讨论,载在《清华学报》里。我们现在相信这句诗还是用的夏历。此外,梁启超先生的意见,《十九首》作风如此相同,不会分开在相隔几百年的两个时代(《美文及其历史》)。徐中舒先生也说,东汉中叶,文人的五言诗还是很幼稚的;西汉若已有《十九首》那样成熟的作品,怎么会有这种现象呢!(《古诗十九首考》,中大语言历史研究所《周刊》六十五期)

《十九首》没有作者;但并不是民间的作品,而是文人仿乐府作的诗。乐府原是入乐的歌谣,盛行于西汉。到东汉时,文人仿作乐府辞的极多;现存的乐府古辞,也大都是东汉的。仿作乐府,最初大约是依原调,用原题;后来便有只用原题的。再后便有不依原调,不用原题,只取乐府原意作五言诗的了。这种作品,文人化的程度虽然已经很高,题材可还是民间的,如人生不常,及时行乐,离别,相思,客愁,等等。这时代作诗人的个性还见不出,而每首诗的作者,也并不限于一个人,所以没有主名可指。《十九首》就是这类诗;诗中常用典故,正是文人的色彩。但典故并不妨害《十九首》的"自然",因为这类诗究竟是民间味,而且只是浑括的抒叙,还没到精细描写的地步,所以就觉得

"自然"了。

本文先抄原诗。诗句下附列数字,李善注便依次抄在诗后;偶有不是李善的注,都在下面记明出处,或加一"补"字。注后是说明,这儿兼采各家,去取以切合原诗与否为准。

## 一

行行重行行,与君生别离①。

相去万余里,各在天一涯②。

道路阻且长,会面安可知③。

胡马依北风,越鸟巢南枝④。

相去日已远,衣带日已缓⑤。

浮云蔽白日,游子不顾反⑥。

思君令人老⑦,岁月忽已晚。

弃捐勿复道,努力加餐饭⑧。

---

① 《楚辞》曰:"悲莫悲兮生别离。"
② 《广雅》曰:"涯,方也。"
③ 《毛诗》曰:"溯洄从之,道阻且长。"薛综《西京赋注》曰:"安,焉也。"
④ 《韩诗外传》曰:"诗云:'代马依北风,飞鸟栖故巢',皆不忘本之谓也。"《盐铁论·未通》篇:"故代马依北风,飞鸟翔故巢,莫不哀其生。"(徐中舒《古诗十九首考》)《吴越春秋》:"胡马依北风而立,越燕望海日而熙,同类相亲之意也。"(同上)
⑤ 古乐府歌曰:"离家日趋远,衣带日趋缓。"
⑥ 浮云之蔽白日,以喻邪佞之毁忠良,故游子之行,不顾反也。《文子》曰:"日月欲明,浮云盖之。"陆贾《新语》曰:"邪臣之蔽贤,犹浮云之障日月。"《古杨柳行》曰:"谗邪害公正,浮云蔽白日。"义与此同也。郑玄《毛诗笺》曰:"顾,念也。"
⑦ 《小雅》:"维忧用老。"(孙鑛评《文选》语)
⑧ 《史记·外戚世家》:"平阳主拊其(卫子夫)背曰:'行矣,强饭,勉之!'"蔡邕(?)《饮马长城窟行》:"长跪读素书,书中竟何如? 上有'加餐食',下有'长相忆'。"

诗中引用《诗经》《楚辞》，可见作者是文人。"生别离"和"阻且长"是用成辞；前者暗示"悲莫悲兮"的意思，后者暗示"从之"不得的意思。借着引用的成辞的上下文，补充未申明的含意；读者若能知道所引用的全句以至全篇，便可从联想领会得这种含意。这样，诗句就增厚了力量。这所谓词短意长，以技巧而论，是很经济的。典故的效用便在此。

　　"思君令人老"脱胎于"维忧用老"，而稍加变化；知道《诗经》的句子的读者，就知道本诗这一句是暗示着相思的烦忧了。"冉冉孤生竹"一首里，也有这一语；歌谣的句子原可套用，《十九首》还不脱歌谣的风格，无怪其然。"相去"两句也是套用古乐府歌的句子，只换了几个词。"日已"就是"去者日以疏"一首里的"日以"，和"日趋"都是"一天比一天"的意思；"离家"变为"相去"，是因为诗中主人身份不同，下文再论。

　　"代马""飞鸟"两句，大概是汉代流行的歌谣；《韩诗外传》和《盐铁论》都引到这两个比喻，可见。到了《吴越春秋》，才改为散文，下句的题材并略略变化。这种题材的变化，一面是环境的影响，一面是文体的影响。越地滨海，所以变了下句；但越地不以马著，所以不变上句。东汉文体，受辞赋的影响，不但趋向骈偶，并且趋向工切。"海日"对"北风"，自然比"故巢"工切得多。本诗引用这一套比喻，因为韵的关系，又变用"南枝"对"北风"，却更见工切了。至于"代马"变为"胡马"，也许只是作诗人的趣味；歌谣原是常常修改的。但"胡马"两句的意旨，却还不外乎"不忘本""哀其生""同类相亲"三项。这些得等弄清楚诗中主人的身份再来说明。

"浮云蔽白日"也是个套句。照李善注所引证,说是"以喻邪佞之毁忠良",大致是不错的。有些人因此以为本诗是逐臣之辞;诗中主人是在远的逐臣,"游子"便是逐臣自指。这样,全诗就都是思念君王的话了。全诗原是男女相思的口气;但他们可以相信,男女是比君臣的。男女比君臣,从屈原的《离骚》创始,后人这个信念,显然是以《离骚》为依据。不过屈原大概是神仙家。他以"求女"比思君,恐怕有他信仰的因缘,他所求的是神女,不是凡人。

五言古诗从乐府演化而出,乐府里可并没有这种思想。乐府里的羁旅之作,大概只说思乡,《十九首》中"去者日以疏""明月何皎皎"两首,可以说是典型。这些都是实际的。"涉江采芙蓉"一首,虽受了《楚辞》的影响,但也还是实际的思念"同心"人,和《离骚》不一样。在乐府里,像本诗这种缠绵的口气,大概是居者思念行者之作。本诗主人大概是个"思妇",如张玉毂《古诗赏析》所说,"游子"与次首"荡子行不归"的"荡子"同意。所谓诗中主人,可并不一定是作诗人;作诗人是尽可以虚拟各种人的口气,代他们立言的。

但是"浮云蔽白日"这个比喻,究竟该怎样解释呢?朱筠说:'不顾返'者,本是游子薄幸;不肯直言,却托诸浮云蔽日。言我思子而子不思归,定有谗人间之;不然,胡不返耶?"(《古诗十九首说》)张玉毂也说:"浮云蔽日,喻有所惑,游不顾返,点出负心,略露怨意。"两家说法,似乎都以白日比游子,浮云比谗人;谗人惑游子是"浮云蔽白日"。就"浮云"两句而论,就全诗而论,这解释也可通。但是一个比喻往往有许多可能的意旨，特别是在诗里。我们解释比喻，不但要顾到当句当篇的文义和背景，还要顾到那比喻本身的背景，才能得着它的确切的意旨。见仁见智的说法，到底是不足为训的。

"浮云蔽白日"这个比喻，李善注引了三证，都只是"谗邪害公正"一个意思。本诗与所引三证时代相去不远，该还用这个意思。不过也有两种可能：一是那游子也许在乡里被"谗邪"所"害"，远走高飞，不想回家。二也许是乡里中"谗邪害公正"，是非黑白不分明，所以游子不想回家。前者是专指，后者是泛指。我不说那游子是"忠良"或"贤臣"，因为乐府里这类诗的主人，大概都是乡里的凡民，没有朝廷的达官的缘故。

明白了本诗主人的身份，便可以回头吟味"胡马""越鸟"那一套比喻的意旨了。"不忘本"是希望游子不忘故乡。"哀其生"是哀念他的天涯漂泊。"同类相亲"是希望他亲爱家乡亲戚故旧乃至思妇自己，在游子虽不想回乡，在思妇却还望他回乡。引用这一套彼此熟习的比喻，是说物尚有情，何况于人？是劝慰，也是愿望。用比喻替代抒叙，作诗人要的是暗示的力量；这里似是断处，实是连处。明白了诗中主人是思妇，也就明白诗中套用古乐府歌"离家"那两句时，为什么要将"离家"变为"相去"了。

"衣带日已缓"是衣带日渐宽松；朱筠说："与'思君令人瘦'一般用意。"这是就果显因，也是暗示的手法；带缓是果，人瘦是因。"岁月忽已晚"和"东城高且长"一首里"岁暮一何速"同意，指的是秋冬之际岁月无多的时候。"弃捐勿复道，努力加餐饭"两语，解者多误以为全说的诗中主人自己。但如注八所引,"强饭""加餐"明明是汉代通行的慰勉别人的话语,不当反用来说自己。张玉穀解这两句道,"不恨己之弃捐,惟愿彼之强饭",最是分明。我们的语言,句子没有主词是常态,有时候很容易弄错;诗里更其如此。"弃捐"就是"见弃捐",也就是"被弃捐";施受的语气同一句式,也是我们语言的特别处。这"弃捐"在游子也许是无可奈何,非出本愿,在思妇却总是"弃捐",并无分别;所以她含恨说:"反正我是被弃了,不必再提罢;你只保重自己好了!"

  本诗有些复沓的句子。如既说"相去万余里",又说"道路阻且长",又说"相去日已远",反复说一个意思;但颇有增变。"衣带日已缓"和"思君令人老"也同一例。这种回环复沓,是歌谣的生命;许多歌谣没有韵,专靠这种组织来建筑它们的体格,表现那强度的情感。只看现在流行的许多歌谣,或短或长,都从回环复沓里见出紧凑和单纯,便可知道。不但歌谣,民间故事的基本形式,也是如此。诗从歌谣演化,回环复沓的组织也是它的基本;《三百篇》和屈原的"辞",都可看出这种痕迹。《十九首》出于本是歌谣的乐府,复沓是自然的;不过技巧进步,增变来得多一些。到了后世,诗渐渐受了散文的影响,情形却就不一定这样了。

## 二

青青河畔草,郁郁园中柳。
盈盈楼上女,皎皎当窗牖。
娥娥红粉妆,纤纤出素手。

>昔为倡家女，今为荡子妇。
>
>荡子行不归，空床难独守。

这显然是思妇的诗；主人公便是那"荡子妇"。"青青河畔草，郁郁园中柳"是春光盛的时节，是那荡子妇楼上所见。荡子妇楼上开窗远望，望的是远人，是那"行不归"的"荡子"。她却只见远处一片草，近处一片柳。那草沿着河畔一直青青下去，似乎没有尽头——也许会一直青青到荡子的所在吧。

传为蔡邕作的那首《饮马长城窟行》开端道："青青河边草，绵绵思远道"，正是这个意思。那茂盛的柳树也惹人想念远行不归的荡子。《三辅黄图》说："灞桥在长安东……汉人送客至此桥，折柳赠别。""柳"谐"留"音，折柳是留客的意思。汉人既有折柳赠别的风俗，这荡子妇见了又"郁郁"起来的"园中柳"，想到当年分别时依依留恋的情景，也是自然而然的。再说，河畔的草青了，园中的柳茂盛了，正是行乐的时节，更是少年夫妇行乐的时节。可是"荡子行不归"，辜负了青春年少；及时而不能行乐，那是什么日子呢！况且草青、柳茂盛，也许不止一回了，年年这般等闲地度过春光，那又是什么日子呢！

"盈盈楼上女，皎皎当窗牖。娥娥红粉妆，纤纤出素手。"描画那荡子妇的容态姿首。这是一个艳妆的少妇。"盈"通"嬴"。《广雅》："嬴，容也。"就是多仪态的意思。"皎"，《说文》："月之白也。"说妇人肤色白皙。吴淇《选诗定论》说这是"以窗之光明，女之丰采并而为一"，是不错的。这两句不但写人，还夹带叙事；上句登楼，下句开窗，都是为了远望。"娥"，《方言》：

"秦晋之间,美貌谓之娥。""妆",饰也,指涂粉画眉而言。"纤纤女手,可以缝裳",是《韩诗·葛屦》篇的句子(《毛诗》作"掺掺女手")。《说文》:"纤,细也。""掺,好手貌。""好手貌"就是"细",而"细"说的是手指。《诗经》里原是叹惜女人的劳苦,这里"纤纤出素手"却只见凭窗的姿态。"素"也是白皙的意思。这两句专写窗前少妇的脸和手,脸和手是一个人最显著的部分。

"昔为倡家女,今为荡子妇",叙出主人公的身份和身世。《说文》:"倡,乐也。"就是歌舞妓。"荡子"就是"游子",跟后世所谓"荡子"略有不同。《列子》里说:"有人去乡土游于四方而不归者,世谓之为狂荡之人也。"可以为证。这两句诗有两层意思。一是昔既做了倡家女,今又做了荡子妇,真是命不由人。二是做倡家女热闹惯了,做荡子妇却只有冷清清的,今昔相形,更不禁身世之感。况且又是少年美貌,又是春光盛时。荡子只是游行不归,独守空床自然是"难"的。

有人以为诗中少妇"当窗""出手",未免妖冶,未免卖弄,不是贞妇的行径。《诗经·伯兮》篇道:"自伯之东,首如飞蓬;岂无膏沐,谁适为容。"贞妇所行如此。还有说"空床难独守",也不免于野,不免于淫。总而言之,不免放滥无耻,不免失性情之正,有乖于温柔敦厚、怨而不怒的诗教。话虽如此,这些人却没胆量贬驳这首诗,他们只能曲解这首诗是比喻。这首诗实在看不出是比喻。《十九首》原没有脱离乐府的体裁。乐府多歌咏民间风俗,本诗便是一例。世间是有"昔为倡家女,今为荡子妇"的女人,她有她的身份,有她的想头,有她的行径。这些跟《伯兮》里的女人满不一样，但别恨离愁却一样。

只要真能表达出来这种女人的别恨离愁，恰到好处，歌咏是值得的。本诗和《伯兮》篇的女主人公其实都说不到贞淫上去，两诗的作意只是怨。不过《伯兮》篇的怨浑含些，本诗的怨刻露些罢了。艳妆登楼是少年爱好，"空床难独守"是不甘岑寂，其实也都是人之常情；不过说"空床"也许显得亲热些。"昔为倡家女"的荡子妇，自然没有《伯兮》篇里那贵族的女子节制那样多。妖冶，野，是有点儿；卖弄，淫，放滥无耻，便未免是捕风捉影的苛论。

王昌龄有一首春闺诗道："闺中少妇不知愁，春日凝妆上翠楼。忽见陌头杨柳色，悔教夫婿觅封侯。"正是从本诗变化而出。诗中少妇也是个荡子妇，不过没有说是倡家女罢了。这少妇也是"春日凝妆上翠楼"，历来论诗的人却没有贬驳她的。潘岳《悼亡诗》第二首有句道："展转眄枕席，长簟竟床空。床空委清尘，室虚来悲风。"这里说"枕席"，说"床空"，却赢得千秋的称赞。可见艳妆登楼跟"空床难独守"并不算卖弄，淫，放滥无耻。那样说的人只是凭了"昔为倡家女"一层，将后来关于"娼妓"的种种联想附会上去，想着那荡子妇必有种种坏念头、坏打算在心里。那荡子妇会不会有那些坏想头，我们不得而知，但就诗论诗，却只说到"难独守"就戛然而止，还只是怨，怨而不至于怒。这并不违背温柔敦厚的诗教。至于将不相干的成见读进诗里去，那是最足以妨碍了解的。

陆机《拟古诗》差不多亦步亦趋，他拟这一首道："靡靡江离草，熠燿生河侧。皎皎彼姝女，阿那当轩织。粲粲妖容姿，灼灼美颜色。良人游不归,偏栖独只翼。空房来悲风,中夜起叹息。"又,曹植《七哀诗》道:"明月照高楼,流光正徘徊。上有愁思妇,悲叹有余哀。借问叹者谁?言是客子妻。君行逾十年,贱妾常独栖。"这正是化用本篇语意。"客子"就是"荡子","独栖"就是"独守"。曹植所了解的本诗的主人公,也只是"高楼"上一个"愁思妇"而已。"倡家女"变为"彼姝女","当窗牖"变为"当轩织","粲粲妖容姿,灼灼美颜色"还保存原作的意思。"良人游不归"就是"荡子行不归",末三语是别恨离愁。这首拟作除"偏栖独只翼"一句稍稍刻露外,大体上比原诗浑含些,概括些;但是原诗作意只是写别恨离愁而止,从此却分明可以看出。陆机去《十九首》的时代不远,他对于原诗的了解该是不至于有什么歪曲的。

评论这首诗的都称赞前六句连用叠字。顾炎武《日知录》说:"诗用叠字最难。《卫风·硕人》:'河水洋洋,北流活活。施罛濊濊,鳣鲔发发。葭菼揭揭,庶姜孽孽',连用六叠字,可谓复而不厌,赜而不乱矣。古诗'青青河畔草……纤纤出素手',连用六叠字,亦极自然,下此即无人可继。"连用叠字容易显得单调,单调就重复可厌了。而连用的叠字也不容易处处确切,往往显得没有必要似的,这就乱了。因此说是最难。但是《硕人》篇跟本诗六句连用叠字,却有变化——《古诗源》说本诗六叠字从"河水洋洋"章化出,也许是的。就本诗而论,青青是颜色兼生态,郁郁是生态。

这两组形容的叠字,跟下文的"盈盈"和"娥娥",都带有动词性。例如开端两句,译作白话的调子,就得说,河畔的草青青了,园中的柳郁郁了,才合原诗的意思。"盈盈"是仪态,"皎皎"是人的丰采兼窗的光明,"娥娥"是粉黛的妆饰,"纤纤"是手指的形状。各组叠字,词性不一样,形容的对象不一样,对象的复杂度也不一样,就都显得确切不移;这就重复而不可厌,繁赜而不觉乱了。《硕人》篇连用叠字,也异曲同工。但这只是因难见巧,还不是连用叠字的真正理由。

诗中连用叠字,只是求整齐,跟对偶有相似的作用。整齐也是一种回环复沓,可以增进情感的强度。本诗大体上是顺序直述下去,跟上一首不同,所以连用叠字来调剂那散文的结构。但是叠字究竟简单些;用两个不同的字,在声音和意义上往往要丰富些。而数句连用叠字见出整齐,也只在短的诗句像四言、五言里如此;七言太长,字多,这种作用便不显了。就是四言、五言,这样许多句连用叠字,也是可一而不可再。这一种手法的变化是有限度的;有人达到了限度,再用便没有意义了。只看古典的四言、五言诗中只各见了一例,就是明证。所谓"下此即无人可继",并非后人才力不及古人,只是叠字本身的发展有限,用不着再去"继"罢了。

本诗除连用叠字外,还用对偶,第一、二句,第七、八句都是的。第七、八句《初学记》引作"自云倡家女,嫁为荡子妇"。单文孤证,不足凭信。这里变偶句为散句,便减少了那回环复沓的情味。"自云"直贯后四句,全诗好像曲折些。但是这个"自云"凭空而来,跟上文全不衔接。再说"空床难独守"一语,作诗人代言已不免于野,若变成"自云",那就太野了些。《初学记》的引文没有被采用,这些恐怕也都有关系的。

## 三

青青陵上柏，磊磊磵中石。
人生天地间，忽如远行客。
斗酒相娱乐，聊厚不为薄。
驱车策驽马，游戏宛与洛。
洛中何郁郁，冠带自相索。
长衢罗夹巷，王侯多第宅。
两宫遥相望，双阙百余尺。
极宴娱心意，戚戚何所迫？

　　本诗用三个比喻开端，寄托人生不常的慨叹。陵上柏青青，磵（通涧）中石磊磊，都是长存的。青青是常青青。《庄子》："仲尼曰：'受命于地，唯松柏独也，在冬夏常青青。'""磊磊"也是常磊磊。——磊磊，众石也。人生却是奄忽的、短促的；"人生天地间"，只如"远行客"一般。《尸子》："老莱子曰：'人生于天地之间，寄也。'"李善说："寄者固归。"伪《列子》："死人为归人。"李善说："则生人为行人矣。"《韩诗外传》："二亲之寿，忽如过客。""远行客"那比喻大约便是从"寄""归""过客"这些观念变化而来的。"远行客"是离家远行的客，到了那里，是暂住便去，不久即归的。"远行客"比一般"过客"更不能久住；这便加强了这个比喻的力量，见出诗人的创造功夫。诗中将"陵上柏"和"磵中石"跟"远行客"般的人生对照，见得人生是不能像柏和石那样长存的。"远行客"是积极的比喻，柏和石是消极的比喻。"陵上柏"和"磵中石"是邻近的，是连类而及；取它们作比喻，也许是即景生情，也许是所谓"近取譬"——用常识的材料作比喻。至于李善注引的《庄子》里那几句话，作诗人可能想到运用，但并不必然。

本诗主旨可借用"人生行乐耳"一语表明。"斗酒"和"极宴"是"娱乐"，"游戏宛与洛"也是"娱乐"；人生既"忽如远行客"，"戚戚"又"何所迫"呢？《汉书·东方朔传》："销忧者莫若酒"，只要有酒，有酒友，落得乐以忘忧。极宴固可以"娱心意"，斗酒也可以"相娱乐"。极宴自然有酒友，"相"娱乐还是少不了酒友。斗是舀酒的器具，斗酒为量不多，也就是"薄"，是不"厚"。极宴的厚固然好，斗酒的薄也自有趣味——只消且当作厚不以为薄就行了。

本诗人生不常一意，显然是道家思想的影响。"聊厚不为薄"一语似乎也在摹仿道家的反语如"大直若屈""大巧若拙"之类，意在说厚薄的分别是无所谓的。但是好像弄巧成拙了，这实在是一个弱句；五个字只说一层意思，还不能透彻地或痛快地说出。这句式前无古人，后无来者，只是一个要不得罢了。若在东晋玄言诗人手里，这意思便不至于写出这样的累句。也是时代使然。

游戏原指儿童。《史记·周本纪》说后稷"为儿时"，"其游戏好种树麻菽"，该是游戏的本义。本诗"游戏宛与洛"却是出以童心，一无所为的意思。洛阳是东汉的京都。宛县是南阳郡治所在，在洛阳之南；南阳是光武帝发祥的地方，又是交通要道，当时有"南都"之称，张衡特为作赋，自然也是繁盛的城市。《后汉书·梁冀传》里说："宛为大都，士之渊薮。"可以为证。

聚在这种地方的人多半为利禄而来，诗中主人公却不如此，所以说是"游戏"。既然是游戏，车马也就无所用其讲究，"驱车策驽马"也就不在乎了。驽马是迟钝的马；反正是游戏，慢点儿没有什么的。说是"游戏宛与洛"，却只将洛阳的繁华热热闹闹地描写了一番，并没有提起宛县一个字。大概是因为京都繁华第一，说了洛就可以见宛，不必再赘了吧？

歌谣里本也有一种接字格，"月光光"是最熟的例子。汉乐府里已经有了，《饮马长城窟行》可见。现在的歌谣却只管接字，不管意义；全首满是片段，意义毫不衔接——全首简直无意义可言。推想古代歌谣当也有这样的，不过没有存留罢了。本诗"游戏宛与洛"下接"洛中何郁郁"，便只就洛中发挥下去，更不照应上句，许就是古代这样的接字歌谣的遗迹，也未可知。

诗中写东都，专从繁华着眼。开手用了"洛中何郁郁"一句赞叹，"何郁郁"就是"多繁盛呵""多热闹呵"，游戏就是来看热闹的，也可以说是来凑热闹的，这是诗中主人公的趣味。以下分三项来说，冠带往来是一；衢巷纵横，第宅众多是二；宫阙壮伟是三。"冠带自相索"，冠带的人是贵人，贾逵《国语注》："索，求也。""自相索"是自相往来不绝的意思。"自相"是说贵人只找贵人，不把别人放在眼下，同时也有些别人不把他们放在眼下，尽他们来往他们的——他们的来往无非趋势利、逐酒食而已。这就带些刺讥了。

"长衢罗夹巷，王侯多第宅"，罗就是列，《魏王奏事》说："出不由里门，面大道者，名曰第。"第只在长衢上。"两宫遥相望，双阙百余尺"，蔡质《汉官典职》说："南宫北宫相去七里。"双阙是每一宫门前的两座望楼。这后两项固然见得京都的伟大,可是更见得京都的贵盛。

将第一项合起来看,本诗写东都的繁华,又是专从贵盛着眼。这是诗,不是赋,不能面面俱到,只能选择最显著、最重要的一面下手。至于"极宴娱心意",便是上文所谓凑热闹了。"戚戚何所迫",《论语》:"小人长戚戚。"戚戚,常忧惧也。一般人常怀忧惧,有什么迫不得已呢?——无非为利禄罢了。短促的人生,不去饮酒、游戏,却为无谓的利禄自苦,未免太不值得了。这一句不单就"极宴"说,是总结全篇的。

本诗只开始两句对偶,"斗酒"两句跟"极宴"两句复沓;大体上是散行的。而且好像说到哪里是哪里,不嫌其尽的样子,从"斗酒相娱乐"以下都如此——写洛中光景虽自有剪裁,却也有如方东树《昭昧詹言》说的:"及其笔力,写到至足处。"这种诗有点散文化,不能算是含蓄蕴藉之作,可是不失为严羽《沧浪诗话》所谓"沉着痛快"的诗。历来论诗的都只赞叹《十九首》的"优柔善入,婉而多讽",其实并不尽然。

## 四

今日良宴会,欢乐难具陈。
弹筝奋逸响,新声妙入神。
令德唱高言,识曲听其真。
齐心同所愿,含意俱未申。
人生寄一世,奄忽若飙尘。
何不策高足,先据要路津?

无为守穷贱，轗轲长苦辛。

　　这首诗所咏的是听曲感心；主要的是那种感，不是曲，也不是宴会。但是全诗从宴会叙起，一路迤逦说下去，顺着事实的自然秩序，并不特加选择和安排。前八语固然如此；以下一番感慨，一番议论，一番"高言"，也是痛快淋漓，简直不怕说尽。这确是近乎散文。《十九首》还是乐府的体裁，乐府原只像现在民间的小曲似的，有时随口编唱，近乎散文的地方是常有的。《十九首》虽然大概出于文人之手，但因模仿乐府，散文的成分不少；不过都还不失为诗。本诗也并非例外。

　　开端四语只是直陈宴乐。这一日是"良宴会"，乐事难以备说；就中只提乐歌一件便可见。"新声"是歌，"弹筝"是乐，是伴奏。新声是胡乐的调子，当时人很爱听；这儿的新声也许就是"西北有高楼"里的"清商"，"东城一何高"里的"清曲"。陆侃如先生的《中国诗史》据这两条引证以及别的，说清商曲在汉末很流行，大概是不错的。弹唱的人大概是些"倡家女"，从"西北有高楼""东城一何高"二诗可以推知。这里只提乐歌一事，一面固然因为声音最易感人——"入神"便是"感人"的注脚；刘向《雅琴赋》道："穷音之至入于神"，可以参看——一面还是因为"识曲听真"，才引起一番感慨，才引起这首诗。

　　这四语是引子，以下才是正文。再说这里"欢乐难具陈"下直接"弹筝"二句，便见出"就中只说"的意思，无须另行提明，是诗体比散文简省的地方。

　　"令德唱高言"以下四语，歧说甚多。上二语朱筠《古诗十九首说》说得最好："'令德'犹言能者。'唱高言'，高谈阔论，在那里说其妙处，欲令'识曲'者'听其真'。"曲有声有辞。一般人的赏识似乎在声而不在辞。只有聪明人才会赏玩曲辞，才能辨识曲辞的真意味。这种聪明人便是知音的"令德"。"高言"就是妙论，就是"人生寄一世"以下的话。"唱"是"唱和"的"唱"。聪明人说出座中人人心中所欲说而说不出的一番话，大家自是欣然应和的；这也在"今日"的"欢乐"之中。"齐心同所愿"是人人心中所欲说，"含意俱未申"是口中说不出。二语中复沓着"齐""同""俱"等字，见得心同理同，人人如一。

曲辞不得而知。但是无论歌咏的是富贵人的欢惊还是穷贱人的苦绪，都能引起诗中那一番感慨。若是前者，感慨便由于相形见绌；若是后者，便由于同病相怜。话却从人生如寄开始。既然人生如寄，见绌便更见绌，相怜便更相怜了。而"人生一世"不但是"寄"，简直像卷地狂风里的尘土，一忽儿就无踪影。这就更见迫切。"飙尘"当时是个新比喻，比"寄"比"远行客"更"奄忽"，更见人生是短促的。人生既是这般短促，自然该及时欢乐，才不白活一世。富贵才能尽情欢乐，"穷贱"只有"长苦辛"；那么，为什么"守穷贱"呢？为什么不赶快去求富贵呢？

"何不策高足，先据要路津"，就是"为什么不赶快去求富贵呢？"这儿又是一个新比喻。"高足"是良马、快马，"据要津"便是《孟子》里"夫子当路于齐"的"当路"。何不驱车策良马快去占住路口渡口——何不早早弄个高官做呢？——贵了，也就富了。"先"该是捷足先得的意思。《史记》："蒯通曰：'秦失其鹿，天下共逐之，高材捷足者先得焉。'"正合"何不"两句语意。

从尘想到车,从车说到"轗轲",似乎是一串儿,并非偶然。轗轲,不遇也;《广韵》:"车行不利曰轗轲,故人不得志亦谓之轗轲。""车行不利"是轗轲的本义,"不遇"是引申义。《楚辞》里已只用引申义,但本义存在偏旁中,是不易埋没的。本诗用的也是引申义,可是同时牵涉着本义,和上文相照应。"无为"就是"毋为",等于"毋"。这是一个熟语。《诗经·板》篇有"无为夸毗"一句,郑玄《笺》作"女(汝)无(毋)夸毗",可证。

"何不"是反诘,"无为"是劝诫,都是迫切的口气。那"令德"和在座的人说,我们何不如此如此呢?我们再别如彼如彼了啊!人生既"奄忽若飙尘",欢乐自当亟亟求之,富贵自当亟亟求之,所以用得着这样迫切的口气。这是诗。这同时又是一种不平的口气。富贵是并不易求的;有些人富贵,有些人穷贱,似乎是命运使然。穷贱的命不犹(由)人,心有不甘;"何不"四语便是那怅惘不甘之情的表现。这也是诗。明代钟惺说:"欢宴未毕,忽作热中语,不平之甚。"陆时雍说:"慷慨激昂。'何不……苦辛',正是欲而不得。"清代张玉穀说:"感愤自嘲,不嫌过直。"都能搔着痒处。诗中人却并非孔子的信徒,没有安贫乐道、"君子固穷"等信念。他们的不平不在守道而不得时,只在守穷贱而不得富贵。这也不失其为真。有人说是"反辞""诡辞",是"讽"是"谑",那是蔽于儒家的成见。

陆机拟作变"高言"为"高谈",他叙那"高谈"道:"人生无几何,为乐常苦晏。譬彼伺晨鸟,扬声当及旦。曷为恒忧苦，守此贫与贱。""伺晨鸟"一喻虽不像"策高足"那一喻切露，但"扬声当及旦"也还是"亟亟求之"的意思。而上文"为乐常苦晏"，原诗却未明说；有了这一语，那"扬声"自然是求富贵而不是求荣名了。这可以旁证原诗的主旨。

## 五

> 西北有高楼，上与浮云齐。
> 交疏结绮窗，阿阁三重阶。
> 上有弦歌声，音响一何悲。
> 谁能为此曲，无乃杞梁妻。
> 清商随风发，中曲正徘徊。
> 一弹再三叹，慷慨有余哀。
> 不惜歌者苦，但伤知音稀。
> 愿为双鸣鹤（现作鸿鹄），奋翅起高飞。

这首诗所咏的也是闻歌心感。但主要的是那"弦歌"的人，是从歌曲里听出的那个人。这儿弦歌的人只是一个，听歌心感的人也只是一个。"西北有高楼"，"弦歌声"从那里飘下来，弦歌的人是在那高楼上。那高楼高入云霄，可望而不可即。四面的窗子都"交疏结绮"，玲珑工细。"交疏"是花格子，"结绮"是格子连接着像丝织品的花纹似的。"阁"就是楼，"阿阁"是"四阿"的楼；司马相如《上林赋》有"离宫别馆……高廊四注"的话，"四注"就是"四阿"，也就是四面有檐，四面有廊。"三重阶"可见楼不在地上而在台上。阿阁是宫殿的建筑，即使不是帝居,也该是王侯的第宅。在那高楼上弦歌的人自然不是寻常人,更只可想而不可即。

弦歌声的悲引得那听者驻足。他听着,好悲啊!真悲极了!"谁能作出这样悲的歌曲呢?莫不是杞梁妻吗?"齐国杞梁的妻子"善哭其夫",见于《孟子》。《列女传》道:"杞梁之妻无子,内外皆无五属之亲。既无所归,乃枕其夫之尸于城下而哭。内诚动人,道路过者莫不为之挥涕,十日而城为之崩。"琴曲有《杞梁妻叹》,《琴操》说是杞梁妻所作。《琴操》说:梁死,"妻叹曰:'上则无父,中则无夫,下则无子,将何以立吾节?亦死而已!'援琴而鼓之。曲终,遂自投淄水而死。"杞梁妻善哭,《杞梁妻叹》是悲叹的曲调。

本诗引用这桩故事,也有两层意思。第一是说那高楼上的弦歌声好像《杞梁妻叹》那样悲。"谁能"二语和别一篇古诗里"谁能为此器?公输与鲁班!"句调相同。那两句只等于说:"这东西巧妙极了!"这两句在第一意义下,也只等于说,"这曲子真悲极了!"说了"一何悲",又接上这两句,为的是增强语气;"悲"还只是概括的,这两句却是具体的。"音响一何悲"的"音响"似乎重复了上句的"声",似乎只是为了凑成五言。古人句律宽松,这原不足为病。但《乐记》里说"声成文谓之音",而响为应声也是古义,那么,分析地说起来,"声"和"音响"还是不同的。

"谁能"二语,假设问答,本是乐府的体裁。乐府多一半原是民歌,民歌有些是对着大众唱的,用了问答的语句,有时只是为使听众感觉自己在歌里也有份儿——答语好像是他们的。但那别一篇古诗里的"谁能"二语跟本诗里的，除应用这个有趣味的问答式之外，还暗示一个主旨。那就是，只有公输与鲁班能为此器（香炉），只有杞梁妻能为此曲。本诗在答语里却多了"无乃"这个否定的反诘语，那是使语气婉转些。

这儿语气带些犹疑，却是必要的。"谁能"二句其实是双关语，关键在"此曲"上。"此曲"可以是旧调旧辞，也可以是旧调新辞——下文有"清商随风发"的话，似乎不会是新调。可以是旧调旧辞，便蕴涵着"谁能"二句的第一层意思，就是上节所论的。可以是旧调新辞，便蕴涵着另一层意思。这就是说，为此曲者莫不是杞梁妻一类人吗？——曲本兼调和辞而言。这也就是说那位"歌者"莫不是一位冤苦的女子吗？

宫禁里、侯门中，怨女一定是不少的；《长门赋》《团扇辞》《乌鹊双飞》所说的只是些著名的，无名的一定还多。那高楼上的歌者可能就是一个，至少听者可以这样想，诗人可以这样想。陆机拟作里便直说道："佳人抚琴瑟，纤手清且闲。芳气随风结，哀响馥若兰。玉容谁得顾？倾城在一弹。"语语都是个女人。曹植《七哀诗》开端道："明月照高楼，流光正徘徊。上有愁思妇，悲叹有余哀。"似乎也多少袭用本诗的意境，那高楼上也是个女人。这些都可供旁证。

"上有弦歌声"是叙事，"音响一何悲"是感叹句，表示曲的悲，也就是表示人——歌者跟听者——的悲。"谁能"二语进一步具体地写曲写人。"清商"四句才详细地描写歌曲本身，可还兼顾着人。朱筠说"随风发"是曲之始，"正徘徊"是曲之中，"一弹三叹"是曲之终，大概不错。商音本是"哀响"，加上

"徘徊",加上"一弹再三叹",自然"慷慨有余哀"。

徘徊,《后汉书·苏竟传》注说是"萦绕淹留"的意思。歌曲的徘徊也正暗示歌者心头的徘徊,听者足下的徘徊。《乐记》说:"'清庙'之瑟……壹倡而三叹,有遗音者矣。"郑玄注:"倡,发歌句也;三叹,三人从而叹之耳。"这个叹大概是和声。本诗"一弹再三叹",大概也指复沓的曲句或泛声而言;一面还照顾杞梁的妻的叹,增强曲和人的悲。《说文》:"慷慨,壮士不得志于心也。"这儿却是怨女的不得志于心。也许有人想,宫禁千门万户,侯门也深如海,外人如何听得清高楼上的弦歌声呢?这一层,姑无论诗人设想原可不必黏滞实际,就从实际说,也并非不可能的。唐代元稹的《连昌宫词》里不是说过吗:"李谟擫笛傍宫墙,偷得新翻数般曲。"还有,陆机说"佳人抚琴瑟",抚琴瑟自然是想象之辞;但参照别首,或许是"弹筝奋逸响"也未可知。

歌者的苦,听者从曲中听出想出,自然是该痛惜的。可是他说"不惜",他所伤心的只是听她的曲而知她的心的人太少了。其实他是在痛惜她,固然痛惜她的冤苦,却更痛惜她的知音太少。一个不得志的女子禁闭在深宫内院里,苦是不消说的,更苦的是有苦说不得;有苦说不得,只好借曲写心,最苦的是没人懂得她的歌曲,知道她的心。这样说来,"知音稀"真是苦中苦,别的苦还在其次。"不惜""但伤"是这个意思。这里是诗比散文经济的地方。

知音是引用俞伯牙、钟子期的故事。伪《列子》道:"伯牙善鼓琴,钟子期善听。伯牙鼓琴,志在登高山,钟子期曰:'善哉！峨峨兮若泰山。'志在流水，钟子期曰，'善哉！洋洋兮若江河。'伯牙所念，钟子期必得之。"《列子》虽是伪书，但这个故事来源很古（《吕氏春秋》中有）；因为《列子》里叙得合用些，所以引在这里。"伯牙所念，钟子期必得之"，这才是"善听"，才是知音。这样的知音也就是知心、知己，自然是很难遇的。

本诗的主人公是那听者，全首都是听者的口气。"不惜"的是他，"但伤"的是他，"愿为双鸣鹤（鸿鹄），奋翅起高飞！""愿"的也是他。这末两句似乎是乐府的套语。"东城高且长"篇末作"思为双飞燕，衔泥巢君屋"；伪苏武诗第二首袭用本诗的地方很多，篇末也说"愿为双黄鹄，送子俱远飞"，篇中又有"何况双飞龙，羽翼临当乖"的话。苏武诗虽是伪托，时代和《十九首》相去也不会太远的。

从本诗跟"东城高且长"看，双飞鸟的比喻似乎原是用来指男女的——伪苏武诗里的双飞龙，李善《文选注》说是"喻己及朋友"，双黄鹄无注，李善大概以为跟双飞龙的喻意相同。这或许是变化用之。——本诗的双鸣鹤，该是比喻那听者和那歌者。一作双鸿鹄，意同。鹤和鸿鹄都是鸣声嘹亮，跟"知音"相照应。"奋翼"句也许出于《楚辞》的"将奋翼兮高飞"。高，远也，见《广雅》。但《诗经·邶风·柏舟》篇末"静言思之，不能奋飞"二语的意思，"愿为"两句里似乎也蕴涵着。这是俞平伯先生在《葺芷缭蘅室古诗札记》里指出的。那二语却是一个受苦的女子的话。唯其那歌者不能奋飞，那听者才"愿"为鸣鹤，双双奋飞。不过，这也只是个"愿"，表示听者的"惜"的"伤"，表示他的深切的同情罢了，那悲哀终于是"绵绵无尽期"的。

……

## 六

明月皎夜光，促织鸣东壁。

玉衡指孟冬，众星何历历。

白露沾野草，时节忽复易。

秋蝉鸣树间，玄鸟逝安适。

昔我同门友，高举振六翮。

不念携手好，弃我如遗迹。

南箕北有斗，牵牛不负轭。

良无磐石固，虚名复何益。


这首诗是怨朋友不相援引，语意明白。这是秋夜即兴之作。《诗经·月出》篇："月出皎兮……劳心悄兮。""明月皎夜光"一面描写景物，一面也暗示着悄悄的劳心。促织是蟋蟀的别名。"鸣东壁"，"东壁向阳，天气渐凉，草虫就暖也。"（张庚《古诗十九首解》）《诗经·七月》篇道："七月在野，八月在宇，九月在户，十月蟋蟀，入我床下。"可以参看。《春秋说题辞》说："趣"（同"促"）织之为言趣（促）也。织与事遽，故趣织鸣，女作兼也。"本诗不用蟋蟀而用促织，也许略含有别人忙于工作自己却偃蹇无成的意思。

"玉衡指孟冬，众星何历历"，也是秋夜所见。但与"明月皎夜光"不同时，因为有月亮的当儿，众星是不大显现的。这也许指的上弦夜，先是月明，月落了，又是星明；也许指的是许多夜。这也暗示秋天夜长，诗中主人"忧愁不能寐"的情形。"玉衡"见《尚书·尧典》（伪古文见《舜典》），是一支玉管儿，插在璿（璇）玑（一种圆而可转的玉器）里窥测星象的。这儿却借指北斗星的柄。

北斗七星，形状像个舀酒的大斗——长柄的勺子。第一星至第四星成勺形，叫斗魁；第五星至第七星成柄形，叫斗杓，也叫斗柄。《汉书·律历志》已经用玉衡比喻斗杓，本诗也是如此。古人以为北斗星一年旋转一周，他们用斗柄所指的方位定十二月二十四气。斗柄指着什么方位，他们就说是哪个月哪个节气。这在当时是常识，差不多人人皆知。"玉衡指孟冬"，便是说斗柄已指着孟冬的方位了；这其实也就是说，现在已到了冬令了。

这一句里的孟冬，李善说是夏历的七月，因为汉初是将夏历的十月作正月的。历来以为《十九首》里有西汉诗的，这句诗是重要的客观的证据。但古代历法，向无定论。李善的话也只是一种意见，并无明确的记载可以考信。俞平伯先生在《清华学报》曾有长文讨论这句诗，结论说它指的是夏历九月中。这个结论很可信。

陆机拟作道："岁暮凉风发，昊天肃明明。招摇西北指，天汉东南倾。""招摇"是斗柄的别名。"招摇西北指"该与"玉衡指孟冬"同义。据《淮南子·天文训》，斗柄所指，西北是夏历九月、十月之交的方位，而正西北是立冬的方位。本诗说"指孟冬"，该是作于夏历九月立冬以后；斗柄所指该是西北偏北的方位。这跟诗中所写别的景物都无不合处。"众星何历历"，历历是分明。秋季天高气清,所谓"昊天肃明明",众星更觉分明,所以用了感叹的语调。

"明月皎夜光"四语,就秋夜的见闻起兴。"白露沾野草,时节忽复易。秋蝉鸣树间,玄鸟逝安适!"却接着泛写秋天的景物。《礼记》:"孟秋之月,白露降。"又,"孟秋,寒蝉鸣。"又,"仲秋之月,玄鸟归。"——郑玄注,玄鸟就是燕子。《礼记》的时节只是纪始。九月里还是有白露的,虽然立了冬,而立冬是在霜降以后,但节气原可以早晚些。九月里也还有寒蝉。八月玄鸟归,九月里说"逝安适",更无不可。

这里"时节忽复易"兼指白露、秋蝉、玄鸟三语;因为白露同时是个节气的名称,便接着"沾野草"说下去。这四语见出秋天一番萧瑟的景象,引起宋玉以来传统的悲秋之感。而"时节忽复易","岁暮一何速"("东城高且长"中句),诗中主人也是"贫士失职而志不平",也是"淹留而无成"(宋玉《九辩》),自然感慨更多。

"昔我同门友"以下便是他自己的感慨来了。何晏《论语集解》"有朋自远方来,不亦乐乎!"下引包咸曰:"同门曰朋。"邢昺《疏》引郑玄《周礼注》:"同师曰朋,同志曰友。"说同门是同在师门受学的意思。同门友是很亲密的,所以下文有"携手好"的话。《诗经》里道:"惠而好我,携手同车。"也是很亲密的。

从前的同门友现在是得意起来了。"高举振六翮"是比喻。《韩诗外传》:"盖桑曰:'夫鸿鹄一举千里,所恃者六翮耳。'"翮是羽茎,六翮是大鸟的翅膀。同门友好像鸿鹄一般高飞起来了。上文说玄鸟,这儿便用鸟作比喻。前面两节的联系就靠这一点，似连似断的。同门友得意了，却"不念携手好，弃我如遗迹"了。《国语·楚语下》："灵王不顾于民，一国弃之，如遗迹焉。"韦昭注，像行路人遗弃他们的足迹一样。今昔悬殊，云泥各判，又怎能不感慨系之呢？

"南箕北有斗，牵牛不负轭。"李善注："言有名而无实也。"《诗经》："维南有箕，不可以簸扬；维北有斗，不可以挹酒浆。""睆彼牵牛，不以服箱。"箕是簸箕，用来扬米去糠。服箱是拉车。负轭是将轭架在牛颈上，也还是拉车。名为箕而不能簸米，名为斗而不能舀酒，名为牛而不能拉车，所以是"有名而无实"。无实的名只是"虚名"。但是诗中只将牵牛的有名无实说出，"南箕""北有斗"却只引出《诗经》的成辞，让读者自己去联想。这种歇后的手法，偶然用在成套的比喻的一部分里，倒也新鲜，见出巧思。

这儿的箕、斗、牵牛虽也在所见的历历众星之内，可是这两句不是描写景物而是引用典故来比喻朋友。朋友该相援引，名为朋友而不相援引，朋友也只是"虚名"。"良无磐石固"，良，信也。《声类》："磐，大石也。"固是"不倾移"，《周易·系辞下》"德之固也"注如此；《荀子·儒效》篇也道："万物莫足以倾之之谓固。"《孔雀东南飞》里兰芝向焦仲卿说："君当作磐石，妾当作蒲苇。蒲苇纫如丝，磐石无转移。"仲卿又向兰芝说："磐石方且厚，可以卒千年。"可见"磐石固"是大石头稳定不移的意思。照以前"同门""携手"的情形，交情该是磐石般稳固的。可是现在"弃我如遗迹"了，交情究竟没有磐石般稳固呵。那么，朋友的虚名又有什么用处呢！只好算白交往一场罢了。

本诗只开端二语是对偶,"秋蝉"二语偶而不对,其余都是散行句。前节描写景物,也不尽依逻辑的顺序,如促织夹在月星之间,以及"时节忽复易"夹在白露跟秋蝉、玄鸟之间。但诗的描写原不一定依照逻辑的顺序,只要有理由。"时节"句上文已论。"促织"句跟"明月"句对偶着,也就不觉得杂乱。而这二语都是韵句,韵脚也给它们凝整的力量。再说从大处看,由秋夜见闻起手,再写秋天的一般景物,层次原也井然。全诗又多直陈,跟"青青陵上柏""今日良宴会"有相似处,但结构自不相同。诗中多用感叹句,如"众星何历历!""时节忽复易!""玄鸟逝安适!""虚名复何益!"也和"青青陵上柏"里的"极宴娱心意,戚戚何所迫!""今日良宴会"里的"何不策高足,先据要路津?无为守穷贱,轗轲长苦辛"相似。

直陈要的是沉着痛快,感叹句能增强这种效用。诗中可也用了不少比喻。六翮,南箕,北斗,牵牛,都是旧喻新用,磐石是新喻,玉衡,遗迹,是旧喻。这些比喻,特别是箕、斗、牵牛那一串儿,加上开端二语牵涉到的感慨,足以调剂直陈诸语,免去专一的毛病。

本诗前后两节联系处很松泛,上面已述及,松泛得像歌谣里的接字似的。"青青陵上柏"里利用接字增强了组织,本诗"六翮"接"玄鸟",前后是长长的两节,这个效果便见不出。不过,箕、斗、牵牛既照顾了前节的"众星何历历",而从传统的悲秋到失志无成之感到怨朋友不相援引,逐层递进,内在的组织原也一贯。所以诗中虽有些近乎散文的地方,但就全体而论,却还是紧凑的。

# 山抹微云秦学士：说秦观《满庭芳》

周汝昌

　　山抹微云，天连衰草，画角声断谯门。暂停征棹，聊共引离尊。多少蓬莱旧事，空回首，烟霭纷纷。斜阳外，寒鸦万点，流水绕孤村。

　　销魂。当此际，香囊暗解，罗带轻分。谩赢得、青楼薄幸名存。此去何时见也？襟袖上、空惹啼痕。伤情处，高城望断，灯火已黄昏。

　　有不少词调，开头两句八个字，便是一副工致美妙的对联。宋代名家，大抵皆向此等处见功夫，逞文采。诸如"作冷欺花，将烟困柳""叠鼓夜寒，垂灯春浅"，一时也举他不尽。这好比唱戏时名角出台，绣簾揭处，一个亮相，丰采精神，能把全场"笼罩"住。试看那"欺"字、"困"字、"叠"字、"垂"字，词人的慧性灵心，情肠意匠，早已颖秀葩呈，动人心目。

　　然而，要论个中高手，我意终推秦郎。比如他那奇警的"碧水惊秋，黄云凝暮"，何等神笔！至于这首《满庭芳》的起拍开端"山抹微云,天连衰草",更是雅俗共赏,只此一个出场,便博得满堂碰头彩,掌声雷动——真好看煞人!

这两句端的好在何处?

大家先就看上了那"抹"字。好一个"山抹微云"!"抹"得奇,新鲜,别有意趣!

"抹"又为何便如此新奇别致,博得喝彩呢?

须看他用字用得妙。有人说是文也而通画理。

抹者何也?就是用别一个颜色,掩去了原来的底色之谓。所以,唐德宗在贞元时批阅考卷,遇有词理不通的,他便"浓笔抹之至尾"。(煞是痛快!)至于古代女流,则时时要"涂脂抹粉"。罗虬写的"一抹浓红傍脸斜",老杜说的"晓妆随手抹",都是佳例,亦即睡痕或脂红别色以掩素面本容之义。

如此说来,秦郎所指,原即山掩微云,应无误会。

但是如果他写下的真是"山掩微云"四个大字,那就风流顿减,而意致无多了。学词者宜向此处细心体味。同是这位词人,他在一首诗中却说:"林梢一抹青如画,知是淮流转处山。"同样成为名句。看来,他确实是有意地运用绘画的笔法而将它写入了诗词,人说他"通画理",可增一层印证。他善用"抹"字,一写林外之山痕,一写山间之云迹,手法俱是诗中之画,画中之诗,其致一也。只单看此词开头四个字,宛然一幅"横云断岭"图。

虽说是"其致一也",但又要入细玩其区别:"林梢一抹"是平常句法,而"山抹微云"乃中华汉字文学的独特语式,最须珍重。有人称之为"倒装句法",即"微云抹山"之意也,云云。

我谓此即用欧西语文之"法"来硬套之办法，流弊最大。

试问：东坡的"十日春寒不出门，不知江柳已摇村"，那"摇村"的字法句法，又用哪种"文法"来套？前面已引的"惊秋""凝暮"，又该如何去套？学诗词者胸中若先装满了什么"语法"之类，就写不出真正的好句来了。

出句如彼，且看他对句用何字相敌？他道是："天连衰草"。

于此，便有人嫌这"连"字太平易了，觉得还要"特殊"一些才好。想来想去，想出一个"黏"字来。想起"黏"字来的人，起码是南宋人了，他自以为这样才"炼字"警策。大家见他如此写天际四垂，远与地平相接，好像"黏合"了一样，用心选辞，都不同俗常，果然也是值得击节赞赏！

我却不敢苟同这个对字法。

何以不取"黏"字呢？盖少游时当北宋，那期间，词的风格还是大方家数一派路子，尚无十分刁钻古怪的炼字法。再者，上文已然着重说明：秦郎所以选用"抹"并且用得好，全在用画入词，看似精巧，实亦信手拈来，自然成趣。他断不肯为了"敌"那个"抹"字，苦思焦虑，最后认上一个"黏"，以为"独得之秘"（那是自从南宋才有的词风，时代特征是不能错乱的）。"黏"字之病在于太雕琢，也就显得太穿凿；太用力，也就显得太吃力。艺术是不以此等为最高境界的。

况且，"黏"也与我们的民族画理不相贴切。我们的诗人赋手，可以写出"野旷天低""水天相接"，这自然也符合西洋透视学，但他们还不致也不肯用一个天和地像是黏合在一起这样的"修辞格"，因为中国画里也没有这样的概念。这其间的分际，需要仔细审辨体会。大抵在选字功夫上，北宋词人宁肯失之"出"，而南宋词人则有意失之"入"。后者的末流，就陷入尖新、小巧一路，专门在一二字眼上做扭捏的功夫；如果以这种眼光去认看秦郎，那就南其辕而北其辙了。

以上是从艺术角度上讲根本道理。注释家似乎也无人指出：少游此处是暗用寇准的"倚楼极目欲销魂，长空黯淡连芳草"的那个"连"字。岂能乱改他字乎？

说了半日，难道这个精彩的出场，好就好在一个"抹"字上不成？少游在这个字上享了盛名，那自是当然而且已然，不但他的令婿在大街上遭了点意外事故时，大叫"我乃山抹微云学士之女婿是也"，就连东坡，也要说一句"山抹微云秦学士，露花倒影柳屯田"，可见其脍炙之一斑。然而，这一联八字的好处，却不会"死"在这一两个字眼上。要体会这一首词通体的情景和气氛，上来的这八个字已然起了一个笼罩全局的作用。

"山抹微云"，非写其高，写其远也。它与"天连衰草"，同是极目天涯的意思。这其实才是为了惜别伤怀的主旨，而摄其神理。懂了此理，也不妨直截就说极目天涯即不啻是全篇主旨。

然而，又须看他一个山被云遮，便勾勒出一片暮霭苍茫的境界；一个衰草连天，便点明了满地秋容惨淡气象；整个情怀，皆由此八个字里而透发，而"弥漫"。学词者于此不知着眼，翻向一二小字上去玩弄，或把少游说成是一个只解"写景"和"炼字"的浅人，岂不是见小而失大乎！

八字既明，下面全可迎刃而解了："画角"一句，加倍点明时间。盖古代傍晚，城楼吹角，所以报时，姜白石（姜夔）所谓

"正黄昏，清角吹寒，都在空城"，正写那个时间。"声断"者，正说的是谯楼上报时的鼓角已然停歇，天色实在不早了。"暂停"两句，才点出赋别、饯送之本事。一个"暂"字，一个"聊"字，写出多少难以为怀、依依不舍、无可奈何的意绪。若以为这等虚字不过是常人习用的泛词，无甚深意可言，那就太粗心而浮气了。

"引"与"饮"大有分别，饮是平庸死板的常言，引是行止神态的活语。略可参看老杜的名句："检书烧烛短，看剑引杯长。"引是举杯的有神气的动态字眼。词笔至此，能事略尽，于是无往不收，为文必转，便有回首前尘、低回往事的三句，稍稍控提，微微唱叹。妙在"烟霭纷纷"四字，虚实双关，前后相顾。何以言虚实？言前后？试看纷纷之烟霭，直承"微云"，脉络晓然，乃实有之物色也；而昨日前欢，此时却忆，则也正如烟云暮霭，分明如在，而又迷茫怅惘，全费追寻了，此则虚也。双关之趣，笔墨之灵，允称一绝。

词笔至此，已臻妙境，而加一推宕，含情欲见，无用多申，只将极目天涯的情怀，放在眼前景色之间，就又引出那三句使千古读者叹为绝唱的"斜阳外，寒鸦万点，流水绕孤村。"又全似画境，又觉画境亦所难到，叹为高手名笔，岂虚誉哉。

词人为何要在上片歇拍之处着此"画"笔？有人以为与正文全"不相干"。真的吗？其实"相干"得很。莫把它看作败笔泛墨、凑句闲文。你一定读过元人马致远的名曲《天净沙》："枯藤老树昏鸦；小桥流水人家；古道西风瘦马；夕阳西下，断肠人在天涯。"人人称赏击节，果然名不虚传。但是，不一定都悟到马君暗从秦郎脱化而来。少游写此,全在神理,泯其语言,盖谓:天色既暮,归禽思宿,人岂不然?流水孤村,人家是处,歌哭于斯,亦乐生也——而自家一身微官澟落,去国离群,又成游子,临歧帐饮,能不执手哽咽乎?

我幼年时候,初知读词,便被此词迷上了!着迷的重要一处,就是这寒鸦万点、流水孤村,真是说不出的美!调美,音美,境美,笔美。神驰情往,如入画中。后来才明白,词人此际心情十分痛苦,但他不是死死刻画这一痛苦的心情,却将它写成了一种极美的境界,令人称奇叫绝。这大约就是我国大诗人、大词人的灵心慧性、绝艳惊才的道理了吧?

我常说:少游这首《满庭芳》,只须着重讲解、赏析它的上半阕,后半阕无须婆婆妈妈,逐句饶舌,那样转为乏味。万事不必"平均对待",艺术更是如此。倘昧此理,又岂止笨伯之讥而已。然而不讲不讲,也还须讲上几句。

一是"销魂",正用江淹《别赋》"黯然销魂者,唯别而已矣",到此方明白点题。但也全合寇公的"倚楼极目欲销魂,长空黯淡连芳草"之名句,可证我前言不虚。

一是"香囊",古人无不腰囊佩绣,至离别时,则解以为赠,永为相念之资。盖贴身之物,情意最密,非泛泛"礼品"也。

一是"青楼薄幸"。尽人皆知,此是用"杜郎俊赏"的典故。杜牧之,官满十年,弃而自便,一身轻净,亦万分感慨,不屑正笔稍涉宦场一字,只借"闲情"写下了那篇有名的"十年一觉扬州梦,赢得青楼薄幸名。"其词意怨甚,亦谑甚矣!而后人不解,竟以小杜为"冶游子"。人之识度,不亦远乎!少游之感慨,又过乎牧之之感慨。少游有一首《梦扬州》，其中正也说是"离情正乱，频梦扬州"，是追忆"殢酒为花，十载因谁淹留"，忘却此义，讲讲"写景""炼字"，以为即是懂了少游词，所失不亦多乎哉。

一是"此去何时见也"，又莫以常言视之。在词人笔下，哽咽之声如闻。盖古时交通至难，一经分首，再会何期，名曰生离，实同死别！而今之人则以"再见"为口头禅矣，焉能深味此句之可痛哉。

一是结尾。好一个"高城望断"。"望断"二字是我从一开头就讲了的那个道理，词的上片整个没有离开这两个字。到煞拍处，总收一笔，轻轻点破，颊上三毫，倍添神采。而灯火黄昏，正由山有微云，到"烟霭纷纷"（渐重渐晚），到满城灯火，一步一步，层次递进，井然不紊，而惜别停杯，留连难舍，维舟不发……也就尽在"不写而写"之中了。

常言作词不离情景二字，境超而情至，笔高而韵美，涵咏不尽，令人往复低回，方是佳篇。雕绘满眼，意纤笔薄，乍见动目，再寻索然。少游所以为高，盖如此方真是词人之词，而非文人之词，学人之词。所谓当行本色，即此是矣。

有人也曾指出，秦淮海，古之伤心人也。其语良是。他的词，读去乍觉和婉，细按方知情伤，令人有凄然不欢之感。此词结处，点明"伤情处"，又不啻是他一部词集的总括。我在初中时，音乐课教唱一首词，使我十几岁的少小心灵为之动魂摇魄——

西城杨柳弄春柔，动离忧，泪难收。犹记多情，曾为系归舟。碧野朱桥当日事,人不见,水空流。……

每一吟诵,追忆歌声,辄不胜情,"声音之道,感人深矣",古人的话,是有体会的。然而今日想来,令秦郎如此长怀不忘、字字伤情的,其即《满庭芳》所咏之人之事乎?

# 酒旗风飐村烟淡：说秦观《踏莎行》

周汝昌

晓树啼莺，晴洲落雁。酒旗风飐村烟淡。山田过雨正宜耕，畦塍处处春泉漫。

踏翠郊原，寻芳野涧。风流旧事嗟云散。楚山谁遣送愁来，夕阳回首青无限！

词中常见的是花前酒畔、绣幕雕栏等等物色，写村景的稀如星凤。若在苏、辛，还不为奇；说及秦、柳，更恐难得。这首《踏莎行》，倒是选家很少加以青睐的佳作。

这显然是南土的风光，而且是山村的物色。上来写晓莺啭于春林，晴雁落于暖渚，而一句酒旗招展，便见不是榛莽荒原，而是民家住处。然而最好好在"村烟淡"三字。不教有此三字，则莺树雁沙，以至风漾酒帘，都不过是老生之常谈而已了。

却说"村烟淡"好处端的何在？下一"淡"字，春之神味盎然纸上。老杜曾用过"淡沲"二字形容好春，不浓不媚，而春乃恰如人意。或有人以为，此淡，谓人烟未密，空气新鲜也。也得也得,那淡也就不俗气不讨厌了。

以下"山田过雨"直到"春泉漫",实在好极了!令人如闻雨后土香,如见溪流活活,而农家乐生,山村好景,尽收眼尽收眼底心头了。

"漫"字更好!令人想起"柳塘春水漫,花坞夕阳迟"来。一片溶溶漾漾的气息出焉,意境生焉。

下片由景入情,追念昔年同来踏青拾翠之游,而旧侣星散,此度重游,孑然一身,踽踽独行。山村如彼之美好,适足以引惹伤怀恨绪。于是抬头一望,乃见山来入目,一似有人教它特地供愁送恨者。何也?

于此,有人或许又说了:山本无愁,是人愁而觉山愁——此乃"文艺理论"中的"移情说"是也。掩耳掩耳,俗套俗套。倘皆如此赏词,词之风流扫地尽矣。

问题的关键一点儿也不在什么"移情"不移情。诵秦郎这词,通篇精彩全在煞拍结尾一句,真好一个"夕阳回首青无限"!

也许有人说,周美成(周邦彦)写过"烟中列岫青无数",秦学周也。是吗?即使真是那样,这两人两句也还是各言一义,断不同科的。倒是必须温习一下钱公(钱起)的"曲终人不见,江上数峰青"与柳公(柳宗元)的"烟销日出不见人,欸乃一声山水绿"才是。

钱、柳名句,千古流传,不绝于人口,而讲"神韵",讲"意境",讲"诗与禅",讲"言有尽而意无穷"……都忘不了引据钱、柳——但似乎无人齿及秦郎这句"夕阳回首青无限"——事则很是奇怪了!

什么叫作"青无限"？难道还另有"青有限"的山不成？笑话笑话。青就是青罢了，哪里又有个有限无限？然而，那样说是世情常理，一般见识，而诗人词人则另有一种感受功能与感受尺度。对他来说，此时此际那山青得简直是没法形容了！此之谓"无限"。

此时此际者，又何谓也？君不见"夕阳回首"四个大字乎？落照是盏灯，能衬得万物特明特美。夕阳西下，回首再望时，乃觉那青山是真青透了。

# 谈白居易和辛弃疾的词四首

朱光潜

### 忆江南　白居易

#### 其一

江南好,风景旧曾谙:日出江花红胜火,春来江水绿如蓝。能不忆江南?

#### 其二

江南忆,最忆是杭州,山寺月中寻桂子,郡亭枕上看潮头。何日更重游?

### 鹧鸪天　辛弃疾

陌上柔桑破嫩芽,东邻蚕种已生些。平冈细草鸣黄犊,斜日寒林点暮鸦。

山远近,路横斜,青旗沽酒有人家。城中桃李愁风雨,春在溪头荠菜花。

### 西江月·夜行黄沙道中 辛弃疾

明月别枝惊鹊,清风半夜鸣蝉。稻花香里说丰年,听取蛙声一片。

七八个星天外,两三点雨山前。旧时茅店社林边,路转溪桥忽见。

这篇短文,谈一谈白居易的《忆江南》两首和辛弃疾的《鹧鸪天》《西江月》这四首词选择典型的情节来烘托出生动具体的气氛和情调的道理,趁便也谈一谈词的运用语言的精练。

先说白居易的两首《忆江南》。

白居易在杭州和苏州做了三年多的刺史,后来除短期在长安做官之外,都住东都洛阳。他在洛阳时期作了好些回忆苏杭的诗,《忆江南》大概也是在这时期作的。原有三首,头一首总忆江南风景,第二首忆杭州,第三首忆苏州。在北方回忆江南,可写的东西当然很多,白居易在头一首词里只写了春天的江花、江水,因为这个给他印象最深。

起句和末句只叙述他到过江南而今回忆江南。回忆的是什么呢?就是腹联两句:"日出江花红胜火,春来江水绿如蓝。"这是全首的精华。日出时江边的花,例如桃花之类,特别显得鲜红,就像烈火的火焰。杜甫诗也有"山青花欲燃"(像要燃烧似的)的句子。在风平浪静时,江水在春天就显得格外碧绿,因为夏洪还没到来。

旧诗词的妙处在简练。这两句词的素材是简得不能再简了。但是简练不等于简单。简单是一览无余,简练是言有尽而意无穷。有尽之言能传无穷之意,诀窍就在言是经过精选的,它有典型性,能代表或暗示出许多其它的东西。

这首词虽写江南,却要从身居北方的人的角度去看。北方春来迟,举目一看,是一片寂静的黯淡的黄土高原,吹的风还是寒冷刺骨的,太阳也还是因风沙弥漫而显得昏黄。回想此时江南,景象就不同了。太阳照着江边的花像火,首先就是一个明亮的温暖的大晴天的气氛,似乎使身上都暖起来了。

我们从这一片红花、一江春水感到生命在流动,在欣欣向荣。这两句能引起江南春天繁华灿烂的联想,特别是红、绿、蓝这些鲜明的颜色有强烈的暗示。它们是江南春天的整幅画面的结晶。作者虽没费笔墨去渲染整幅画面,有了这几种颜色配上"日出""江花"等形象,整幅画面就活现在眼前了。

第二首忆杭州。忆的只是"山寺月中寻桂子,郡亭枕上看潮头"。要了解这两句话,宜参看白居易的两首诗,一首是《留题天竺灵隐两寺》,一首是《郡亭》。

前一首说,"在郡六百日,入山十二回。宿因月桂落,醉为海榴开。""宿因月桂落"就是这里的"山寺月中寻桂子"。据《长庆集》(汪立名注)和张宗橚的《词林纪事》所引,天竺、灵隐两寺当时流行一种传说,说月里的桂花在中秋夜里落子,落到寺里来,并且有人附会说这桂子"如牵牛子,黄白相间,咀之无味"。这是一件稀奇的事,这位刺史兴致好,还有些孩子们的好奇心,也趁着中秋宿在寺里,好去找一找月里落下的桂子。

郡亭,据《郡亭》那首诗,就在刺史衙门里。诗里说:"况有虚白亭,坐见海门山。潮来一凭栏,宾至一开筵。""郡亭枕上看潮头"也就是指这个。这句话一方面说看潮的方便,一方面也暗示刺史的政清事简,和唐李颀寄韩朋的名句"寄书河上神明宰,羡尔城头姑射山"的意思相近,都是说城市有山林之乐。

白居易之所以忆杭州,不仅因为那里湖山秀美,也因为他在那里过了足以自慰的可以表示政绩的生活。杭州可忆的事物很多,一部《二十四史》从何说起呢?白居易单选两个足以说明他的快乐生活的典型情节。他所要渲染的气氛是清幽,他所要表达的情趣是闲适。这两句词恰好达到他所要达到的效果,与头一首相比,气氛和情趣都显然有别。选的季节是秋天,没有什么热闹的颜色,却有月夜的桂香,令人起一种清冷的感觉。心情还是愉快的,但不是"日出江花红胜火"那种青春蓬勃活跃的愉快,而是老年人胸无渣滓、悠然自得的愉快。

辛弃疾的词本以沉雄豪放见长,这里选的两首却都很清丽,足见伟大的作家是不拘一格的。《鹧鸪天》写的是早春乡村景象。上半阕"嫩芽""蚕种""细草""寒林"都是渲染早春。"斜日"句点明是早春的傍晚。可以暗示早春的形象很多,作者选了桑、蚕、黄犊等,是要写农事正在开始的情形。这四句如果拆开,就是一首七言绝句,只是平铺直叙地在写景。词的下半阕最难写,因为它一方面接着上半阕发展,一方面又要转入一层新的意思,另起波澜,还要吻合上半阕来做个结束。所以下半阕对于全首的成功与失败有很大的关系。

从表面看,这首词的下半阕好像仍然接着上半阕在写景。如果真是这样,那就不免堆砌,不免平板了。这里下半阕的写景是不同于上半阕的,是有波澜的。首先它是推远一层看,由平冈看到远山,看到横斜的路所通到的酒店。还由乡村推远到城里。

"青旗沽酒有人家"一句看来很平常,其实是重要的。全词都在写自然风景,只有这句才写到人的活动,这样就打破了一味写景的单调。这是写景诗的一个诀窍。尽管是在写景,却不能一味渲染景致,必须掺进一点人的情调、人的活动,诗才显得有生气。读者不妨找一些写景的五七言绝句来看看,参证一下这里所说的道理。

"城中桃李愁风雨,春在溪头荠菜花"两句是全词的画龙点睛,它像是在写景,又像是在发议论。这两句决定全词的情调。如果单从头三句及"青旗沽酒"句看,这首词的情调好像是很愉快的。它是否愉快呢?要懂得诗词,一定要会知人论世。孤立地看一首诗词,有时就很难把它懂透。这首词就是这样。

原来辛弃疾是一位忠义之士,处在南宋偏安杭州,北方金兵掳去了徽、钦二帝,还在节节进逼的情势之下,他想图恢复,而朝中大半是些昏聩无能、苟且偷安者,叫他一筹莫展,心里十分痛恨。就是这种心情成了他的许多词的基本情调。这首词实际上也还是愁苦之音。

"斜日寒林点暮鸦"句已透露了一点消息,到了"桃李愁风雨"句便把大好锦绣河山竟然如此残缺不全的感慨完全表现出来了。从前诗人词人每逢有难言之隐,总是假托自然界事物,把它象征地说出来。辛词凡是说到风雨打落春花的地方,大都是暗射南宋被金兵进逼的局面。最著名的是《摸鱼儿》里的"更能消、几番风雨,匆匆春又归去。惜春长怕花开早,何况落红无数",以及《祝英台近》里的"怕上层楼,十日九风雨。断肠片片飞红,都无人管,更谁劝,啼莺声住"。

这里的"城中桃李愁风雨"也还是慨叹南宋受金兵的欺侮。从此我们也可以见出诗词中反衬的道理,反衬的就是欲擒先纵,从愉快的景象说起,转到悲苦的心境,这样互相衬托,悲苦的就更显得悲苦。前人谈辛词往往用"沉痛"两字,他的沉痛就在这种地方。但是沉痛不等于失望,"春在溪头荠菜花"句可以见出辛弃疾对南宋偏安局面还寄托很大的希望。这希望是由作者在乡村中看到的劳动人民从事农桑的景象所引起的。上句说明"诗可以怨"(诉苦),下句说明"诗可以兴"(鼓舞兴起)。把这两句诗的滋味细嚼出来了,就会体会到诗词里含蓄是什么意思,言有尽而意无穷是什么意思。

《西江月》原题是《夜行黄沙道中》,记作者深夜在乡村中行路所见到的景物和所感到的情绪。读前半阕,须体会到寂静中的热闹。"明月别枝惊鹊"句的"别"字是动词,就是说月亮落了,离别了树枝,把枝上的乌鹊惊动起来。这句话是一种很细致的写实,只有在深夜里见过这种景象的人才懂得这句诗的妙处。乌鹊对光线的感觉是极灵敏的,日食时它们就惊动起来,乱飞乱啼,月落时也是这样。这句话实际上就是"月落乌啼"的意思,但是比"月落乌啼"说得更生动,关键全在"别"字,它暗示鹊和枝对明月有依依不舍的意味,鹊惊时常啼,这里不说啼而啼自见,在字面上也可以避免与"鸣蝉"造成堆砌呆板的结果(这样解释或与一般解释不同,提出来仅供参考)。

"稻花"二句说明季节是在夏天。在全首中这两句产生的印象最为鲜明深刻,它把农村夏夜里热闹气氛和欢乐心情都写活了。这可以说就是典型环境。这四句里每句都有声音（鹊声、蝉声、人声、蛙声），却也每句都有深更半夜的悄静。这两种风味都反映在夜行人的感觉里，他的心情是很愉快的。下半阕的局面有些变动了。天外稀星表示时间已有进展，分明是下半夜，快到天亮了。山前疏雨对夜行人却是一个威胁，这是一个平地波澜，可想见夜行人的焦急。有这一波澜，便把收尾两句衬托得更有力。

"旧时茅店社林边，路转溪桥忽见"是个倒装句，倒装便把"忽见"的惊喜表现出来。正在愁雨，走过溪桥，路转了方向，就忽然见到社林边从前歇过的那所茅店。这时的快乐可以比得上"山重水复疑无路，柳暗花明又一村"那两句诗所说的。词题原为《夜行黄沙道中》，通首八句中前六句都在写景物，只有最后两句才见出有人在夜行。这两句对全首便起了返照的作用，因此每句都是在写夜行了。先藏锋不露，到最后才一针见血，收尾便有画龙点睛之妙。这种技巧是值得学习的。

总看这四首词，可见每一首都有一个生动具体的气氛（通常叫作景），都表述出一种亲切感受到的情趣（通常简称情）。这种情景交融的整体就是一个艺术的形象。艺术的形象有力无力，并不在采用的情节多寡，而在那些情节是否有典型性，是否能作为触类旁通的据点，四面伸张，伸入现实生活的最深微的地方。如果能做到这一点，它就会是言有尽而意无穷了。我们说中国的诗词运用语言精练，指的就是这种广博的代表性和丰富的暗示性。

诗词的语言还要有丰富的音乐性。音律是区别诗和散文的一个重要标志。这不仅是形式问题。情发于声，是怎样的情调就需要怎样的音调。在诗词中，词对音律是讲究最严的。在这里不能对这四首词做音律的分析，因为它不是在一篇短文里谈得清楚的。读者把这几首词懂透了，不妨反复吟诵。这样，就会感觉到这四首词在音律上都是很和谐的。

这和谐的效果是怎样造成的，读者最好自己去仔细分析。多分析，就会逐渐懂得音乐性对诗词的语言有多么重要。

# 谈李白诗三首

朱光潜

## 一、谈《经下邳圯桥怀张子房》

经下邳圯桥怀张子房
子房未虎啸,破产不为家。
沧海得壮士,椎秦博浪沙。
报韩虽不成,天地皆振动。
潜匿游下邳,岂曰非智勇?
我来圯桥上,怀古钦英风。
唯见碧流水,曾无黄石公。
叹息此人去,萧条徐泗空。

要了解这首诗,先要了解我国过去历史上长期在人民群众中流行的两种人生理想,就是"游侠"和"神仙"的理想。这两种理想在现在看来都是落后的,但是在过去,它们是对当时社会制度的反抗和不满，有积极的意义。

　　游侠就是一般所说的英雄好汉。这种人的理想是要讲义气，讲交情，劫富济贫，打抱不平，特别是在强权淫威之下表示不屈服，如果受到一点耻辱和冤屈，就誓必报仇雪恨，要仇人的命，报仇不成，就是牺牲性命也在所不惜。这种人往往练得一手好武艺，有万夫不当之勇，有时还足智多谋。他们不但要替自己报仇，还要替看重自己的知心朋友报仇，而且替旁人报仇比替自己报仇还更奋不顾身，因为正义感之外又加上对朋友要守信义的动机。

　　这种游侠理想从哪里产生呢？如果社会是符合人民理想的，没有什么仇，就没有什么报仇的人；没有什么不平，就没有什么打抱不平的人。纵然有冤屈不平，如果国家法律能够保障私人的权利，那也就无劳私人去施行惩罚。游侠的存在表明了两个事实：第一，社会上有冤屈不平；其次，国家法律不能消除冤屈不平，甚至它本身就是冤屈不平的根源。在这种情形之下，游侠的理想是正义感的表现，也是人的尊严感的表现，使强权淫威不得不对它稍存戒心而有所忌惮。所以它是有积极意义的。

　　神仙的理想比起游侠的理想来是较为消极的。游侠要置身"法外"，神仙却要置身"世外"；游侠要凭自己的力量去达到理想，神仙却要凭超自然的力量去达到理想；游侠要抵抗，神仙却常与隐逸结合，只是无抵抗，不合作。这两种理想的性质不同，但是它们的历史根源是一致的。如果社会是符合人民理想的，它本身就是一个极乐世界。它不是一个极乐世界，甚至是一个极苦世界，人们才幻想在它以外能找到一个极乐世界。

在科学还没发达的社会里，幻想往往比事实还有更大的说服力和诱惑力，所以像神仙之类的宗教迷信有极广泛的市场。好神仙的人有两面性。就他们逃避现世，迷信有神通广大的力量能创造奇迹来说，是消极的、落后的；就他们厌恨恶浊，不肯同流合污，至少是幻想要有一个合理的社会来说，也未尝丝毫没有积极的一面。游侠和神仙既然都是落后社会的产物，而且对落后社会都表示极端不满，所以在我国过去历史上这两种人常常结合在一起，讲游侠的也往往讲神仙。

李白经下邳桥所怀想的汉朝张良，正是这样一种游侠兼神仙的人物。诗中所说的那壮士是个游侠，黄石公是个神仙，而张良自己为着要替韩报仇，请教这位壮士，但没成功，请教黄石公这位神仙，终得佐汉灭秦，最后却又"学辟谷导引轻身"，"从赤松子游"，又回到神仙。所以张良的一生只是在侠客、谋士和神仙三种行径里兜圈子，而他的所以为谋士，是因为他有侠客的气概，志在灭秦报韩；他的所以终于回到神仙，也并不是像他自己所说的于愿已足，而是因为看到鸟尽弓藏，兔死狗烹，不免有些灰心。这首诗的本事，读者可以翻《史记·留侯世家》（即《张良传》看一下，这里不必复述。

李白的这首诗是属于怀古和咏史类的。怀古咏史在我国许多诗人的诗集里都占很重要的一部分。古有什么可怀，史有什么可咏呢？这首诗里"岂曰非智勇"，"怀古钦英风"两句给了答案。古人和史事可以引起诗人歌咏的，一定是诗人所同情的，体现了诗人的人生理想的；或是诗人所不同情的，诗人在讽刺之中也表现了他自己的人生态度。这首诗是属于前一种情况的。

伟大的诗人都必有人民性，所谓人民性，是说他的人生理想和人生态度与广大人民的是一致的。他在诗里表现了他自己的人生理想和人生态度，也就同时表现了广大人民的人生理想和人生态度。从周秦以后，在相当长的时期中，广大人民的人生理想和人生态度有一大部分表现在上文所说的游侠和神仙，只消把我国民间小说和戏剧的题材统计一下就可以知道。这方面的典型形象，是一般民众头脑里的诸葛亮。

诸葛亮在历史上（可看陈寿的《三国志》），并不像在小说和戏剧里那样的神通广大。小说和戏剧都起自民间，一般人民是按照他们自己的理想和愿望来铸成像在小说和戏剧里那样的诸葛亮的形象。而这种形象也正近似司马迁在《史记》里所铸成的张良的形象。这两人都有一面是游侠，有一面是神仙，尽管在程度上略有不同，诸葛亮的游侠的成分较少。诸葛亮的形象有很大的人民性，这是每一个看《三国演义》和看旧戏的人都能体会到的。张良的形象也是这样，他成为许多诗人歌咏的对象，也是因为他有很大的人民性。

张良之所以成为李白歌咏的对象，还有一个特殊的原因。我们一般人想到"盛唐"，总以为那时社会怎样安定，国家怎样富庶繁荣，人民怎样安乐，其实这是幻象。当时封建主聚天下的财富于长安，穷奢极欲，人民生活还是很痛苦的。杨家贵戚的骄横叫在朝在野的人都侧目而视。安禄山乱起，唐朝马上就现出土崩瓦解的局面。

当时人民对社会秩序的态度可以从当时流行的小说中看出来。唐人小说表面上大半是些爱情故事，实际上游侠和神仙的思想都非常浓厚，至少是从那些故事里面，可以看出当时尚任侠、讲神仙的风气很盛。游侠和神仙的存在，就足以说明当时社会中不平的事和不合理的事是很多的。否则我们也就很难说明李白自己的性格。

李白平生爱学道，号称"诗仙"，但是他的游侠的一面往往被人忘记。魏颢说他"眸子炯然，哆（腮）如饿虎，少任侠，手刃数人"。他的最知己的朋友杜甫有一首七绝《赠李白》，替他下了这样的评语：

秋来相顾尚飘蓬，未就丹砂愧葛洪。
痛饮狂歌空度日，飞扬跋扈为谁雄。

这就是讥刺他学仙、学侠两无成。不管成不成，他对仙和侠的向往却是无可怀疑的。读李白的诗，也就要体会到他的六分仙风，四分侠骨。所以《经下邳圯桥怀张子房》这首诗，不但表现了当时广大人民的人生理想和人生态度，也表现了诗人自己的人格。

这里有一个问题：游侠和神仙都是过去落后社会的产物，现在社会已经完全不同了，游侠和神仙的理想是否还有意义呢？上文分析过，游侠和神仙都有落后的一面，也都有积极的一面，落后的一面会随时代过去，积极的一面对后世人还会有几分鼓舞的力量。每个人都可以就自己读这首诗时所起的情感分析一下。

以我的经验说，我在十几岁时就爱读这首诗，常常高声朗诵。朗诵时心情是振奋的，仿佛满腔热血都沸腾起来了，特别读到最后"唯见碧流水"四句，调子就震颤起来，胸襟也开阔起来，仿佛自己心中也有无限的豪情胜概，大有低徊往复，依依不舍之意。这种振奋的心情是痛快的，也是有益的。是否我因为想当侠客和神仙才爱这首诗呢？我从来没有过这种幻想和奢望，这首诗也并没叫我有这种幻想和奢望。但是想到"破产不为家"，求刺客去杀威震一时的秦始皇那种英雄气概，那种要奋不顾身去伸张正义的坚贞英勇的精神，不由得我不回肠荡气，肃然起敬。

我爱这种人，觉得在这种人身上见出人的尊严，我希望多见到这种人，我仿佛觉得这种人如果多有些，世界会更光明些，人生会更有意义些。单就我体会这种人的人格来说，我也仿佛得到一种力量，帮助我更好地做人。我想游侠和神仙在这首诗里毕竟是外壳，这外壳里面包含着一种精神，它是感动李白的，也是感动我的，也是感动任何一个有心肠的人的。这就是它的积极的一面，这积极的一面是不会轻易地随时代消逝的。

最后，略谈一下这首诗的格局。从表面看，它是平铺直叙，一气呵成的。分析一下，就能看出它分三段。头四句一段，直叙张良求刺客杀秦始皇的事迹。中四句一段，补叙失败后潜匿下邳，夹以论断，"报韩虽不成"，而"天地皆振动"，毕竟还是叫敌人惊心丧胆；虽被迫"潜匿"，这也不是"非智勇"的过错，每两句一抑一扬，略见波澜起伏。后六句写诗人怀古的心情，是平铺直叙后的一个大波澜，读者须体会这种心情是丰富复杂的，一方面是"怀古钦英风"，满腔豪情胜概，一方面又"叹息此人去，萧条徐泗空"，大有"前不见古人，后不见来者"那种寂寥的感觉，但是这并不是失望，而是寄深厚的希望于无穷的未来。

诗用五古体,古诗可以换韵,换韵往往就同时标出段落(当然也有例外),这首诗就是这样,三段就用三组韵。

批评李白诗的人往往嫌他欠剪裁洗炼,这是不正确的。这首诗就表现了高度的剪裁洗炼。张良的一生事迹很多,这里只写到他"潜匿游下邳"为止,至于他后来佐汉灭秦及晚年学道那一大段经过都一字不谈,虽然首句"虎啸"二字也约略给了一点暗示。如果全写,就不但见不出剪裁洗炼,还会破坏这首诗触景生情的效果。

## 二、谈《黄鹤楼送孟浩然之广陵》和《闻王昌龄左迁龙标遥有此寄》

黄鹤楼送孟浩然之广陵
故人西辞黄鹤楼,烟花三月下扬州。
孤帆远影碧空尽,唯见长江天际流。

闻王昌龄左迁龙标遥有此寄
杨花落尽子规啼,闻道龙标过五溪。
我寄愁心与明月,随君直到夜郎西。

这两首诗在体裁上都是七言绝句,在题材上都是送行惜别,合在一起谈,比较方便。

送孟浩然诗比较容易懂。孟是由武昌黄鹤楼坐船到扬州(广陵),李白在黄鹤楼送他。时节是三月,花开正盛,望起来像烟一般。送行的人依依不舍,直望到孤帆远影渐渐在碧空中消失了,只见长江在遥远的天际流着,他才回过头来。诗人先写出别地别时别景，然后写出自己那种眷恋惆怅的情感。

寄王昌龄诗的局格大致和送孟浩然诗相同，但是比较难懂一点。难在两个问题上。首先是异文的问题。头一句一本作"杨花落尽子规啼"，一本作"扬州花落子规啼"。如果是"杨花落尽"，与"子规啼"较一致。子规即杜鹃，鸣声凄厉，易动旅客归思；杨花落在旧诗中常象征离散，所以苏轼《水龙吟》咏杨花词有"细看来不是杨花，点点是离人泪"之句。如果是扬州，那就很可能李白自己那时在扬州，这就和下文的"明月"有关，相传扬州的月亮特别亮（"天下明月三分，扬州得其二分"）。这两种异文都说得通，很难断定哪一种比较确实。如果"夜郎西"可照下文的解释，"扬州花落"的可能性就较大。

其次是地理的问题。王昌龄老家在江宁（南京），他贬龙标尉以前在长安（西安）作校书郎。龙标是个县名，即今湖南省西部的黔阳县，五溪（辰溪、酉溪、巫溪、武溪、沅溪）也在湖南西部。夜郎属西南夷，在今贵州西北桐梓县。这里应该注意的是"龙标过五溪"的"龙标"即指王昌龄，古人常以地方的名称称呼那地方的人或是在那地方做官的人。这里的问题在于夜郎在贵州西北，而龙标在湖南西部，两地相去很远，而且龙标在夜郎东，不在西。王昌龄到龙标就任，无论是从长安出发，还是从江宁出发，都走不到夜郎。因此，我疑心这首诗写作时期很晚。

李白曾因参永王璘的军事，军败后被朝廷流放到夜郎，后来遇赦才回到金陵（南京）、当涂（在安徽东部）一带，不久就死了。这首诗当作于从流放获赦去金陵之后。如此才可以解释"随君直到夜郎西"一句,那就是因王昌龄被贬而想到自己过去被流放。在唐朝,做官的人贬谪到湖南贵州一带,是个很大的惩罚。李白身受过这种痛苦,于今又听说他的诗友也要去受这种痛苦,所以一方面既寄深厚的同情于好友,一方面也暗伤自己过去的遭遇。这样解释,诗的情致也就比较深刻。

这两首诗的题材和局格虽大致相同,而情致却悬殊。情致往往要借景物气氛烘托出来。论时节,送孟在暮春三月,送王在"杨花落尽子规啼"的时候,也只在晚春初夏。可是"烟花三月"寥寥四句写出一片多么绚烂繁荣的气象,而"杨花落尽子规啼"就显得凄凉寂寞,不堪为怀了。

这两首诗开始所描绘的色彩气氛好比一个乐曲的基调,暗示出全篇情感的性质和深度,同时我们也要注意孟、王两人不同的情境。孟到的是扬州,扬州在唐朝是著名的繁华城市,好比现在的上海;王到的是龙标,西南边陲的瘴疠地,去那里就等于"充军"。孟可能只是游历或就任,王是贬谪。情境不同,感触自异。王的遭遇本身已可悲,何况这个遭遇和诗人本身的遭遇又有些类似。

"愁心"二字不是随便下的。送孟诗虽是惜别,却没有多深的伤感,"烟花三月"句还略有欣羡的意思,最后两句写远眺景致,写出一种高远无穷的气象,与其说暗含惜别,还不如说带有"手挥五弦,目送飞鸿"的闲适意味。

如果拿这两首诗朗诵几遍,就能感觉到音调的分别很明显。送孟诗平声字较多,字音都很响亮,大半是能提高又能拖长的,所以读起来可以悠扬而豪放。送王诗头二句音节还很平顺,只是诗的意义决定了它的音调须低沉凄婉，后二句仄声字安排得有些拗，我们很难用读"孤帆远影"两句的调子来读它，它天然地有些抑郁感伤的意味。在这种朗诵的比较里，我们可以体会到诗的情感与声音的关系是非常密切的。

# 题张氏隐居二首（其二）·杜甫

俞平伯

> 之子时相见，邀人晚兴留。
> 霁潭鳣发发，春草鹿呦呦。
> 杜酒偏劳劝，张梨不外求。
> 前村山路险，归醉每无愁。

原作共两首，第一首是七律，殆初识张君时作，形容他的为人。这是第二首，大约跟张氏已很相熟了，所以开首便道"之子时相见"。清杨伦《杜诗镜铨》以为"当是数至后再题"，清仇兆鳌《杜诗详注》以为"往来非一度矣"，皆是。

虽是一首应酬之作，却可以看出作者的人情味与风趣。这首诗直说与用典双管齐下。直说与用典是古诗常用的两种表现方法，如不能分辨，诗意便不明白。在这里却两两密合。假如当作直说看，那简直接近白话；假如当作用典看，那又大半都是些典故，所谓"无一句无来历"。但这是形迹，杜诗往往如此，不足为奇。它能够有风趣，方是真正的难得。

如"之子"翻成白话当说"这人"或"这位先生",但"之子"却见《毛诗》第三句,池中鲤鱼很多,游来游去;第四句鹿在那边吃草呦呦地叫;但"鳣鲔发发","呦呦鹿鸣,食野之苹",并见《毛诗》。用经典成语每苦迂腐板重,在这儿却一点也不觉得,故前人评:"三四驱遣六艺却极清秀。"而且《鹿鸣》原诗有宴乐嘉宾之意,所以这第四句虽写实景,已景中含情,承上启下了。

"杜酒"一联,几乎口语体,偏又用典故来贴切宾主的姓。杜康是创制秫酒的人。"张公大谷之梨",见晋潘岳《闲居赋》。他说,酒本是我们杜家的,却偏偏劳您来劝我;梨本是你们张府上的,自然在园中边摘边吃,不必向外找哩。典故用得这般巧,显出主人的情重来,已是文章本天成,尤妙在说得这样轻灵自然。《杜诗镜铨》说:"巧对,蕴藉不觉。"蕴藉不觉,正是风趣的一种铨表。

诗还用透过一层的写法。文章必须密合与时的实感,这原是通例。但这个现实性却不可呆看,有些地方正以不必符合为佳。在这里即超过,超过便是不很符合。惟其不很符合,才能把情感表现得非常圆满,也就是进一步合乎现实了。这诗末联"前村山路险,归醉每无愁"就是这样。想那前村的山路很险,又喝醉了酒,跌跌撞撞地回去,仿佛盲人瞎马夜半深池的光景,哪有不发愁之理;所以这诗末句实在该当作"归醉每应愁"的,但他偏不说"应愁",颠倒说"无愁"。究竟"应愁"符合现实呢,还是"无愁"符合现实?我们该说"应愁"是实;我们更应该知道"无愁"虽非实感,却能进一步地表现这主题——主人情重,客人致谢，宾主极欢。

在这情景下，那么不管老杜他在那天晚上愁也不愁，反正必须说"无愁"的。所以另外本可以有一个比较自然合理的解释，喝醉了所以不知愁；但也早被前人给否决了。《杜诗集评》引李天生说："末二句谓与张深契，故醉归忘山路之险，若云醉而不知，则浅矣。"李氏的话是很对的。杜甫正要借这该愁而不愁来表示他对主人的倾倒和感谢，若把自己先形容成了一个酒糊涂，那诗意全失，不仅杀风景而已。这一句又结出首联的意思来，"邀人晚兴留"是这诗里主要的句子。

# 自京赴奉先县咏怀五百字·杜甫

俞平伯

杜陵有布衣，老大意转拙。
许身一何愚，窃比稷与契。
居然成濩落，白首甘契阔。
盖棺事则已，此志常觊豁。
穷年忧黎元，叹息肠内热。
取笑同学翁，浩歌弥激烈。
非无江海志，潇洒送日月。
生逢尧舜君，不忍便永诀。
当今廊庙具，构厦岂云缺？
葵藿倾太阳，物性固莫夺。
顾惟蝼蚁辈，但自求其穴。
胡为慕大鲸，辄拟偃溟渤？
以兹误生理，独耻事干谒。
兀兀遂至今，忍为尘埃没。
终愧巢与由，未能易其节。

沉饮聊自遣，放歌破愁绝。
岁暮百草零，疾风高冈裂。
天衢阴峥嵘，客子中夜发。
霜严衣带断，指直不得结。
凌晨过骊山，御榻在嵽嵲。
蚩尤塞寒空，蹴蹋崖谷滑。
瑶池气郁律，羽林相摩戛。
君臣留欢娱，乐动殷胶葛。
赐浴皆长缨，与宴非短褐。
彤庭所分帛，本自寒女出。
鞭挞其夫家，聚敛贡城阙。
圣人筐篚恩，实欲邦国活。
臣如忽至理，君岂弃此物？
多士盈朝廷，仁者宜战栗。
况闻内金盘，尽在卫霍室。
中堂舞神仙，烟雾蒙玉质。
暖客貂鼠裘，悲管逐清瑟。
劝客驼蹄羹，霜橙压香橘。
朱门酒肉臭，路有冻死骨。
荣枯咫尺异，惆怅难再述。
北辕就泾渭，官渡又改辙。
群冰从西下，极目高崒兀。
疑是崆峒来，恐触天柱折。
河梁幸未坼，枝撑声窸窣。

行旅相攀援，川广不可越。
老妻寄异县，十口隔风雪。
谁能久不顾，庶往共饥渴。
入门闻号咷，幼子饥已卒。
吾宁舍一哀，里巷亦呜咽。
所愧为人父，无食致夭折。
岂知秋禾登，贫窭有仓卒。
生常免租税，名不隶征伐。
抚迹犹酸辛，平人固骚屑。
默思失业徒，因念远戍卒。
忧端齐终南，澒洞不可掇。

在杜甫的五言诗里，这是一首代表作。杜甫自京赴奉先县，是在天宝十四载（755年）的十月、十一月之间。是年十月，唐玄宗携杨贵妃往骊山华清宫避寒，十一月，安禄山即举兵造反。杜甫途经骊山时，玄宗、贵妃正在大玩特玩，殊不知安禄山叛军已闹得不可开交。其时，安史之乱的消息还没有传到长安，然而诗人途中的见闻和感受，已经显示出社会动乱的端倪。所以千载以后读了这首诗，诚有"山雨欲来风满楼"之感。诗人敏锐的观察力，不能不为人所叹服。

原诗五百字，可分为三大段。开头至"放歌破愁绝"为第一段。这一段千回百折，层层如剥蕉心，出语的自然圆转，虽用白话来写很难得超过它。

杜甫旧宅在长安城南，所以自称"杜陵布衣"。"老大意转

◇ 自京赴奉先县咏怀五百字·杜甫

拙"犹俗语说"越活越回去了"。怎样笨拙法呢？偏要去自比稷与契这两位虞舜的贤臣，所志如此迂阔，岂有不失败之理。濩落，即廓落，大而无当，空廓而无用之意。"居然成濩落"即果然失败了。契阔，即辛苦。自己明知定要失败，却甘心辛勤到老。这六句是一层意思，自嘲中带有幽愤。下边更逼进了一步。人虽已老了，却还没死，只要还未盖棺，就须努力，仍有志愿通达的一天，口气是非常坚决的。

孟子说，"禹思天下有溺者，犹己溺之也；稷思天下有饥者，犹己饥之也，是以若（如）是其急也"。老杜自比稷契，所以说"穷年忧黎元"，尽自己的一生，与万民同哀乐，衷肠热烈如此，自不免为同学老先生们所笑。他却毫不在乎，只是格外慷慨悲歌。诗到这里总为一小段，下文便转了意思。

隐逸本为士大夫们所崇尚。老杜说，我难道真这样地傻，不想潇洒山林，度过时光吗？无奈生逢尧舜之君，不忍走开罢了。从这里又转出意思来。既生在尧舜一般的盛世，当然人才济济，难道少你一人不得吗？构造廊庙都是磐磐大才，原不少我这样一个人，但我却偏要挨上来。为什么这样呢？这说不上什么原（缘）故，只是一种脾气性情罢了，好比向日葵老跟着太阳转呀。忠君爱国发乎天性，固然很好，不过却也有一层意思必须找补的。世人会不会觉得自己过于热衷功名，奔走利禄？所以接下去写道：为个人利益着想的人，像蚂蚁似地能够经营自己的巢穴；我却偏要向沧海的巨鲸看齐，自然把生计都给耽搁了。自己虽有用世之心，可是因为羞于干谒，直到现在还辛辛苦苦，埋没风尘。

下面又反接找补。上文说"身逢尧舜君,不忍便永诀"但即尧舜之世,何尝没有隐逸避世的?例如许由、巢父。巢、由是高尚的君子,我虽自愧不如,却也不能改变我的操行。这两句一句一折。既不能高攀稷契,亦不屑俯就利禄,又不忍像巢、由跳出圈子去逃避现实,只好饮酒赋诗。沉醉或能忘忧,放歌聊可破闷。诗酒流连,好像都很风雅,其实是不得已呵。诗篇开首到此,进退曲折,尽情抒怀,热烈衷肠,非常真实。

第二段从"岁暮百草零"至"惆怅难再述"。这一段,记叙描写议论并用,首六句叙上路情形,在初冬十月、十一月之交,半夜动身,清早过骊山,明皇贵妃正在华清宫。"蚩尤"两句旧注多误。蚩尤尝作雾,即用作雾之代语,下云"塞寒空"分明是雾。在这里,只见雾塞寒空,雾重故地滑。温泉蒸气郁勃,羽林军校往来如织。骊宫冬晓,气象万千。寥寥数笔,写出了真正的华清宫。"君臣留欢娱,乐动殷胶葛"两句亦即白居易《长恨歌》所云"骊宫高处入青云,仙乐飘飘处处闻"。说"君臣留欢娱"轻轻点过,却把唐明皇一起拉到浑水里去。然则上文所谓尧舜之君,真不过说说好听,遮遮世人眼罢了。

"彤庭"四句,沉痛极了。一丝一缕都出于女工之手,朝廷却用横暴鞭挞的方式攫夺来。然后皇帝再分赏群臣,叫他们好好地为朝廷效力。群臣如果忽视了这个道理,辜负国恩,岂不等于白扔了吗?然而衮衮诸公,莫不如此,诗人心中怎能平静!"臣如忽至理,君岂弃此物",句中"如""岂"两个虚词,一进一退,逼问有力。百姓已痛苦不堪,而朝廷之上却挤满了这班贪婪庸鄙、毫无心肝的家伙,国事的危险真像千钧一发,仁人之心应该战栗的。

"况闻"以下更进了一步。"闻"者虚拟之词,宫禁事秘,不敢说一定。岂但文武百官如此,"中枢""大内"的情形又何尝好一些,或者更加厉害吧。听说大内的奇珍异宝都已进入贵戚豪门,此当指杨国忠之流。"中堂"两句,写美人如玉,被烟雾般的轻纱笼着,指虢国夫人,还是杨玉环呢?这种攻击方法,一步逼紧一步,离唐明皇只隔一层薄纸了。

似乎不宜再尖锐地说下去,故转入平铺。"暖客"以下四句两联,十字作对,谓之隔句对,或扇面对,调子相当地纤缓。因意味太严重了,不能不借藻色音声的曼妙渲染一番,稍稍冲淡。其实,纤缓中又暗蓄进逼之势。貂鼠裘,驼蹄羹,霜橙香橘,各种珍品尽情享受,酒肉凡品,自任其臭腐,不须爱惜的了。

文势稍宽平了一点儿,紧接着又大声疾呼:"朱门酒肉臭,路有冻死骨。"老杜真是一句不肯放松,一笔不肯落平的。这是传诵千古的名句。似乎一往高歌,暗地却结上启下,令人不觉,清杨伦《杜诗镜铨》夹评"拍到路上无痕",讲得很对。骊山宫装点得像仙界一般,而宫门之外即有路倒尸。咫尺之间,荣枯差别如此,那还有什么可说的?是的,不能再说,亦无须再说了。在这儿打住,是很恰当的。

第三段从"北辕就泾渭"至末尾。全篇从自己忧念家国说起,最后又以自己的境遇联系时局作为总结。"咏怀"两字通贯全篇。

"群冰"以下八句,叙述路上情形。首句有"群冰""群水"的异文。仇(仇兆鳌)注:"群水或作群冰,非。此时正冬,冰凌未解也。"此说不妥，此诗或作于十月下旬，正不必泥定仲冬。作"群冰"诗意自惬。虽冬寒，高水激湍，故冰犹未合耳。观下文"高崒兀""声窸窣"，作"冰"为胜。这八句，句句写实，只"疑是崆峒来，恐触天柱折"两句，用共工氏怒触不周山的典故，暗示时势的严重。

接着写到家并抒发感慨。一进门，就听见家人在号啕大哭，这实在是非常戏剧化的。"幼子饿已卒"，"无食致夭折"，景况是凄惨的。"吾宁舍一哀"，用《礼记·檀弓》记孔子的话："遇于一哀而出涕，予恶夫涕之无从也。""舍"字有割舍放弃的意思，说我能够勉强达观自遣，但邻里且为之呜咽，况做父亲的人让儿子生生的饿死，岂不惭愧。

时节过了秋收，粮食原不该缺乏，穷人可还不免有仓皇挨饿的。像自己这样，总算很苦的了。是否顶苦呢？倒也未必。因为他大小总是个官儿，照例可以免租税和兵役的，尚且狼狈得如此，一般平民扰乱不安的情况，自必远远过于此。弱者填沟壑，强者想造反，都是一定的。想起世上有多少失业之徒，久役不归的兵士，那些武行脚色已都扎扮好了，只等上场锣响，便要真砍真杀，大乱之来已迫眉睫，自然忧从中来不可断绝，与终南山齐高，与大海接其混茫了。表面看来，似乎穷人发痴，痴人说梦，哪知过不了几日，渔阳鼙鼓已揭天而来了，方知诗人的真知灼见啊！

这一段文字仿佛闲叙家常，不很用力，却自然而然地于不知不觉中已总结了全诗，极其神妙。结尾最难，必须结束得住，方才是一篇完整的诗，他思想的方式无非"推己及人"，并没有什么神秘。结合小我的生活，推想到大群；从万民的哀乐，定一国之兴衰，自然句句都真，都会应验的。以文而论，固是一代之史诗，即论事，亦千秋之殷鉴矣。

# 温庭筠·十三首

俞陛云

### 菩萨蛮　四首

小山重叠金明灭，鬓云欲度香腮雪。懒起画蛾眉，弄妆梳洗迟。

照花前后镜，花面交相映。新帖绣罗襦，双双金鹧鸪。

南园满地堆轻絮，愁闻一霎清明雨。雨后却斜阳，杏花零落香。

无言匀睡脸，枕上屏山掩。时节欲黄昏，无憀独倚门。

翠翘金缕双鸂鶒，水纹细起春池碧。池上海棠梨，雨晴红满枝。

绣衫遮笑靥，烟草粘飞蝶。青琐对芳菲，玉关音信稀。

水精帘里颇黎枕，暖香惹梦鸳鸯锦。江上柳如烟，雁飞残月天。

藕丝秋色浅，人胜参差剪。双鬓隔香红，玉钗头上风。

飞卿词极流丽，为《花间集》之冠。《菩萨蛮》十四首，尤为精湛之作。兹从《花庵词选》录四首以见其概。十四首中言及杨柳者凡七，皆托诸梦境。风诗托兴，屡言杨柳，后之送客者，攀条赠别，辄离思黯然，故词中言之，低回不尽，其托于梦境者，寄其幽渺之思也。张皋文云"此感士不遇也"，词中"青琐金堂，故国吴宫，略露寓意"，其言妆饰之华妍，乃"《离骚》初服之意"。

### 更漏子

柳丝长，春雨细，花外漏声迢递。惊塞雁，起城乌，画屏金鹧鸪。

香雾薄，透帘幕，惆怅谢家池阁。红烛背，绣帘垂，梦长君不知。

《更漏子》四首，与《菩萨蛮》词同意。"梦长君不知"即《菩萨蛮》之"心事竟谁知""此情谁得知"也。前半词意以鸟为喻，即引起后半之意。塞雁、城乌，俱为惊起，而画屏上之鹧鸪，仍漠然无知，犹帘垂烛背，耐尽凄凉，而君不知也。

### 前调

玉炉香，红蜡泪，偏照画堂秋思。眉翠薄，鬓云残，夜长衾枕寒。

梧桐树，三更雨，不道离情正苦。一叶叶，一声声，空阶滴到明。

此首亦以上半阕引起下文。惟其锦衾角枕，耐尽长宵，故桐叶雨声，彻夜闻之。后人（聂胜琼《鹧鸪天》）用其词意入诗云："枕前泪共阶前雨，隔个窗儿滴到明。"加一泪字，弥见离情之苦。但语意说尽，不若此词之含浑。

### 前调

背江楼，临海月，城上角声呜咽。堤柳动，岛烟昏，两行征雁分。

京口路，归帆渡，正是芳菲欲度。银烛尽，玉绳低，一声村落鸡。

就行役昏晓之景，由城内而堤边，而渡口，而村落，次第写来，不言愁而离愁自见。其"征雁"句寓分手之感。唐人七岁女子诗"所嗟人异雁，不作一行飞"，亦即此意。结句与飞卿《过潼关》诗"十里晓鸡关树暗，一行寒雁陇云愁"、清真词"露寒人远鸡相应"，皆善写晓行光景。

### 前调

星斗稀，钟鼓歇，帘外晓莺残月。兰露重，柳风斜，满庭堆落花。

虚阁上，倚阑望，还似去年惆怅。春欲暮，思无穷，旧欢如梦中。

此首总结四首。张皋文评云："'兰露重'三句与'塞雁''城乌'义同。"下阕追忆去年已在惆怅之时，则此日旧欢回首，更迢遥若梦矣。此调各家所选不同，皋文未录"背江楼"一首，成氏《唐五代词选》亦未录此首而录"相见稀"一首，今从《花庵词选》录四首。其"相见稀"一首，附录于后："相见稀，相忆久，眉浅澹烟如柳。垂翠幕，结同心，待郎熏绣衾。城上月，白如雪，蝉鬓美人愁绝。宫树暗，鹊桥横，玉签初报明。"

### 忆江南

梳洗罢，独倚望江楼。过尽千帆皆不是，斜晖脉脉水悠悠，肠断白蘋洲。

"千帆"二句窈窕善怀，如江文通之"黯然销魂"也。

### 蕃女怨　二首

万枝香雪开已遍，细雨双燕。钿蝉筝，金雀扇，画梁相见。雁门消息不归来，又飞回。

碛南沙上惊雁起，飞雪千里。玉连环，金镞箭，年年征战。画楼离恨锦屏空，杏花红。

唐人每作征人、思妇之诗，此词意亦犹人，其擅胜处在节奏之哀以促，如闻急管么弦。此词借燕雁以寄怀。集中尚有《遐方怨》二首，有"断肠潇湘春雁飞""梦残，惆怅闻晓莺"句。《定西番》三首有"雁来人不来""肠断塞门消息，雁来稀"句，亦借莺雁以寄离情，其意境与《蕃女怨》词相类。

### 河传

湖上。闲望。雨潇潇。烟浦花桥路遥。谢娘翠娥愁不销。终朝。梦魂迷晚潮。

荡子天涯归棹远。春已晚。莺语空肠断。若耶溪，溪水西。柳堤。不闻郎马嘶。

此调音节特妙处，在以两字为一句，如"终朝""柳堤"，与下句同韵，句断而意仍连贯，飞卿更以风华掩映之笔出之，洵《金荃》能手。

### 清平乐

洛阳愁绝，杨柳花飘雪。终日行人争攀折，桥下水流呜咽。上马争劝离觞，南浦莺声断肠。愁杀平原年少，回首挥泪千行。

通是写离人情事，结句尤佳。临歧忍泪，恐益其悲，更难为别。至别后回头，料无人见，始痛洒千行之泪，洵情至语也。后人有《出门诗》云："欲泣恐伤慈母意，出门方洒泪千行。"此意于别母时赋之，弥见天性之笃。

# 范仲淹·一首

沈祖棻

### 渔家傲

塞下秋来风景异,衡阳雁去无留意。四面边声连角起,千嶂里,长烟落日孤城闭。

浊酒一杯家万里,燕然未勒归无计。羌管悠悠霜满地,人不寐,将军白发征夫泪。

在北宋仁宗时代,居住在我国西北地区的党项羌族逐渐强盛起来,建立了夏国。北宋王朝和它作战,屡次失败。范仲淹于庆历元年到三年(1041—1043年)奉命与韩琦等经略陕西,才算稳定了局势。他在工作当中,爱抚士兵,推诚接待羌族,使汉、羌各族得以和平相处,很得人民的爱戴。他写过几首反映边塞生活的《渔家傲》,都以"塞下秋来"开头。这是其中的一首。

这首词是写边塞的萧条景色和远离家乡、久戍边塞的将士们的沉重心情的。心情是主,景色是宾。它的结构和无名氏的《菩萨蛮》有共同之处,也是上片以写景为主,而景中有情;下片以抒情为主，而情中有景。景色的描写，正好衬托出人物的心情，从而更深刻地展示了他们的内心世界。

上片写景。它一上来就说明了，这里是边塞的秋天，与内地的秋天风景有所不同。接着，以候鸟大雁之到了季节要回南方，来坐实"风景异"。"衡阳雁去"，按照一般的语法，应当作雁去衡阳；这里是因为要合于格律，把结构颠倒了。大雁在这个地方度过春、夏两个季节，现在要离开了。按照情理来说，人，推而至于雁，在一个地方住了相当长的时间，临别之时，总不免有些依依不舍。桑下三宿，尚且为佛徒所忌，何况两个季节呢？而竟至于"无留意"，那么，可见此时此地，已经十分寒苦，实在是无可留恋了。雁的来去，完全是适应气候，出于本能，根本不存在思想感情的问题。这里说雁无留意，完全是从人的立场去设想的，因此，这事实上是写人之所感：雁犹如此，人何以堪？这是写词人所感。

第三句写边塞上的声音。泛说"边声"，包括一切自然界和人类的声音，如风声、雨声、人喊、马嘶，都在其内。它们是边塞上所特有的，因而听到以后，容易引起怀乡之情。"边声"以"四面"来形容，更显得其无所不在，充满了整个空间，虽想不听，也做不到。下面再接上"连角起"，更进一步写出这些凄凉的声音又还是伴随着军营中的号角一道发出来的，就更在凄凉之外加上了悲壮的气氛。这种加倍渲染的手法，也是为了加深人所感受的描写。这是写词人所闻。

第四、五句写边塞上的景色。在数不清的山峰像屏障一样的围绕之中，傍晚的时候，烟雾弥漫，即将西沉的太阳正照射着一座紧闭了门的孤零零的城堡,这是多么荒凉的景色!"长烟"的"长"字,在这里是广阔的意思,它与"落日孤城"的"落"字、"孤"字合色,都是为了形容环境的辽阔荒凉而挑出来使用的。而孤城紧闭,则又显示了戒备森严,在冷落的背后,隐隐地露出了紧张的局势。这是词人所见。

所感、所闻、所见如此,那么,身临其境的人,不免有怀乡之念,就很自然了。

下片以抒情为主。在这种环境之中,欲归不得,惟有借酒浇愁。但是,"浊酒一杯",怎么能够排遣离家万里的乡愁呢?结果是如李白《宣州谢朓楼饯别校书叔云》中所说的,"举杯消愁愁更愁"了。"一杯"和"万里"相对为文,是强烈的对照。"家万里",点出路途遥远,回乡困难,但它却不是不能回家的主要原因。主要的原因是还没有完成朝廷交给的任务,还没有能够如东汉窦宪那样,打退匈奴统治者的侵扰,在燕然山勒石纪功,然后胜利地班师回朝。在这里词人写出了边防将士们的责任感。在严峻的环境里,虽然对家乡非常怀念,但是,面对着侵扰者,他们是绝不会放弃自己的责任的。

在完成抗击侵扰的任务以前,当然是无法回乡的,只有在这里坚持下去。傍晚之时,对景思乡,欲归不得,借酒浇愁,消磨了许多时光,已经由黄昏进入深夜,这时,听到的是悠长的羌笛,看到的是银白的浓霜,怎么能够入睡呢?词中这位人物,可以是指词人自己,也可以是某一位将军或征夫,因为他们的感情是共同的。将军的年纪当然大些,久戍边城,备极辛劳,已生白发,而征夫则流出了眼泪。末句极写久戍之苦,结出主旨。

一方面，边塞寒苦，久成思乡；另一方面，责任重大，必须担负，这是词中所描写的一对矛盾。词中篇幅绝大部分是写前一方面的，但只用"燕然未勒归无计"一句，便使后一方面突出，成为这对矛盾的主要矛盾面，正如俗话所说的"秤砣虽小压千斤"。用传统的文学批评术语来说，就是"发乎情，止乎礼义。"

作者虽然身为将军，但并非高适《燕歌行》中所谴责的那种"战士军前半死生，美人帐下犹歌舞"的将军，所以能够体会普通将士们的思想感情，他们对家乡的怀念和崇高的责任感。

封建统治阶级对于人民的痛苦常常是漠不关心的，更不会想起戍边将士的辛苦。范仲淹在这里提出的问题，在他以前，还不曾在文人词中反映过，以后也不多，因此，是很值得重视的。

贺裳《皱水轩词筌》说："按宋以小词为乐府，被之管弦，往往传于宫掖。范词如'长烟落日孤城闭''羌管悠悠霜满地''将军白发征夫泪'，令'绿树碧檐相掩映，无人知道外边寒'者听之，知边庭之苦如是，庶有所警触。此深得《采薇》《出车》，'杨柳''雨雪'之意。"（"绿树"二句，见吴融《华清宫二首》之一）这话是很有见地的。

# 晏殊·二首

沈祖棻

### 蝶恋花

槛菊愁烟兰泣露，罗幕轻寒，燕子双飞去。明月不谙离恨苦，斜光到晓穿朱户。

昨夜西风凋碧树，独上高楼，望尽天涯路。欲寄彩笺兼（一作无）尺素，山长水阔知何处？

这首词也是写离别相思之情的。时间是由夜到晓，地点是由室内、室外而到楼上。

上片写词人在清晨时对于室内、室外景物的感受，由此衬托出长夜相思之苦。首句写景物，不但点明了时令——秋天，并且描绘了环境的幽美，借以暗示人物的闲雅。菊而曰"槛菊"，则是在庭院廊庑之间。菊花笼着轻烟，兰花带有露点，则是在清晓。用"愁"来表达菊在"烟"中所感，用"泣"来解释兰上何以有"露"，说的是菊与兰的心情，实际上是通过菊与兰的人格化，来表明人的心情，亦物亦人，物即是人。这一句只有七个字，但却写出了景物、地点、季节、时间和人物的情绪、感觉，没有一个字是多余的，或可有可无的，可称精练。

假如我们将这句写成"黄菊初开兰蕊吐"，同样是写了秋天的景物，写了菊、兰，可是形象和意境就单薄多了。即使只改成"槛菊含烟兰带露"，那也不成，因为两字之差，就抽掉了恰恰是词人所要着重表达的对景生情这一点，它就不能一开头便笼罩全篇，使读者即时体会那种充满了离愁别恨的气氛。

第二、三句写清晨燕子从帘幕中间飞了出去。古代富贵人家，堂前多垂帘或幕。燕巢梁上，进出必穿过帘幕。"轻寒"，是新秋早晨的气候，而"双飞"则反衬人的孤独。一清早，燕子自管自地穿过帘幕双双飞走了，却不顾屋里还有一个孤独的人，就含有燕子无情之感，从而暗中过渡到下文对明月的公然埋怨。

第四、五句写在天亮以后，还有残月的余辉斜射房中，因而回想起昨夜的月光，竟是这样地整整照了一夜，使人无法入梦，直到现在，它还不肯罢休。它之所以这样，不正是因为不知道离别的痛苦吗？这种无理的埋怨，正是无可奈何的心情的表现。明月本是无知之物，可是作家却赋予它以生命和感情，使它为自己的创作意图服务。所以同一明月，晏殊可以说"明月不谙离恨苦，斜光到晓穿朱户"，而张泌则可以说"多情只有春庭月，犹为离人照落花"（《寄人》）。同一杨柳，刘禹锡可以说"长安陌上无穷树，唯有垂杨管别离"（《杨柳枝词》），而韦庄则可以说"无情最是台城柳，依旧烟笼十里堤"（《台城》）。但不管作家的感觉如何，这种艺术手段总是可以使景与情交织起来，从而更具体和深刻地表达他们自己的心情。

下片写这首词的主人公，也就是作者，经过一夜相思之苦以后，清晨走出卧房，登楼望远。当他"独上高楼"的时候，最先收入眼底的是一片空阔，连远到天边的路也可以看到尽头，什么遮拦阻隔都没有。于是才回想起昨天那个不眠之夜里所听到的风声、落叶声，恍然悟出，是昨夜西风很厉，一夜之间，把树上的绿叶都吹落了。"高楼"伏下句"望尽"。"独上"是说人之寂寞，与上"燕子双飞"对照。三句总写登高望远，难遣离愁，境界极为高远阔大，与无名氏（也有人疑为李白词作——编者注）《菩萨蛮》"平林漠漠"等四句相近。

结两句承"望尽"句来。虽"望尽天涯路"，终不见天涯人，那么，相思之情，只有托之于书信了。然而，要写信，又恰恰没有信纸，怎么办呢？这"彩笺"即是"尺素"。一个家有"槛菊""罗幕""朱户""高楼"的人，而竟"无尺素"，这显然是他自己也不相信的、极为笨拙的推托。而其所以写出这种一望而知的托辞，则又显然出于一种难言之隐。

比如说，她是否变了心呢，或者是嫁了人呢？他现在是无法知道的。所以接着又说，即使有尺素，可山这样不尽，水这样广阔无边，人究竟在什么地方都不明白，又何从去寄呢？这两句极写诉说离情的困难和间阻，将许多难于说，或不愿说的情事，轻轻地推托于"无尺素"，就获得了意在言外、有余不尽的艺术效果。一本"无"作"兼"，则是加重语气，说是寄了"彩笺"，还要寄"尺素"，以形容有许多话要说，义亦可通，但不如"无"字的用意那么曲折、深厚。

作者另一首《踏莎行》云："碧海无波，瑶台有路，思量便合双飞去。当时轻别意中人,山长水远知何处。绮席凝尘,香闺掩雾。红笺小字凭谁附。高楼目尽欲黄昏,梧桐叶上萧萧雨。"拿来和本词一比,我们就可以看出,其主题、题材、人物、景色情事无不相同或极其相似。然而,在晏殊的笔下,这两首词却各自成为一个完整的、不可重复的艺术形象。古典作家这点儿本领,很可供我们借鉴。

### 破阵子

燕子来时新社,梨花落后清明。池上碧苔三四点,叶底黄鹂一两声。日长飞絮轻。

巧笑东邻女伴,采桑径里逢迎。疑怪昨宵春梦好,元是今朝斗草赢。笑从双脸生。

这首词写的是古代闺阁中少女们春天生活的一个片段。词人用写生的妙笔,在读者面前展开了一幅仕女图,而美丽的春光则是它的背景。景色是那么鲜明,人物是那么生动,全篇充满着青春的欢乐气息。这在古代描写妇女生活的作品中是不多的。在封建社会中,妇女们都是受压迫的,就是上层社会的妇女也不例外,因而她们的苦难是特别深重的。许多作品反映了她们悲惨的遭遇和坚决的反抗,也就显示了她们对于生活的热爱,对于美好理想的向往。而少女们又是特别富有乐观精神的,尽管在重重压迫和束缚之下,其青春活力也不会完全被封建礼教势力所窒息。这首词通过闺阁中日常生活的描绘,也从一个侧面证明了这一点。

词以上片写景，下片写人。它以一联对句开头写景而兼点明季节。用燕子、梨花带出新社和清明两个节日。社日是祭社神——土地神的日子，有春、秋两社，新社即春社，是在春分前后的戊日。古代上层妇女是不劳动的，但平常也要做些针线活。每逢社日，就可以放下针线活，从事游玩。所以张籍的《吴楚歌词》说："今朝社日停针线。"清明在春分后十五日，是古代上坟祭祖的日子，也是妇女们可以出门踏青挑菜的日子。从春社到清明，都是春光最好的时候。词人将人物安排在这个特定的时间里，就已经使读者感到春气的融和与春景的绚烂，仿佛置身在暖洋洋的春光中，看到燕子飞翔、梨花飘落一样了。

如果我们对古代上层妇女在封建礼教压迫之下深闭幽闺的生活有所了解，体会到她们乍从闺阁走向园林、走向大自然的怀抱时，对于春天的美好和新鲜的感觉，以及得到暂时的精神解放后轻松愉快的心情，那么，我们就能够分享词中少女们的欢乐了。《牡丹亭》中杜丽娘游园时，不也是以"不到园林，怎知春色如许"这样充满惊喜的口吻开场么？

三、四两句仍用对偶，描绘出一个极其幽静的园子来。园中有个小小池塘，池边疏疏落落地点缀着那么几点青苔。在茂密的树林里，时时有黄鹂在枝叶的深处偶然啼叫那么几声，来打破这静寂的空气。歇拍（上片的结句）写春天的日子，在这幽静的环境里，更显得特别悠长。而在这寂寥的长日里，似乎一切都是静悄悄的，只有一些柳絮，在空中飘来飘去。这就将上面几句所写情景一起烘托了出来，有前人所说的"画龙点睛"之妙。

下片写人物，头两句的意思是从上片贯穿而来。在这样美好的春天、这样漫长的日子、这样寂寥的环境里,年轻人又怎么耐得住呢?于是,就想要到东边邻居家里去找女伴来游戏了。恰好,就在边走边采摘花草的小路上,那位姑娘也正带着笑容走了过来。"巧笑",写出东邻那位姑娘笑眯眯地带着聪明而调皮的神气;"采桑",则暗示出下文有斗草的情事。

下面三句写两位姑娘斗草。斗草是古代妇女玩的一种游戏,体现出她们对于名花异草的知识和爱好。敦煌卷子中有《斗百草》四首,是唐代的大曲,可见这种游戏唐时已盛行于民间。《红楼梦》第六十回中也曾有详细的描写。虽然宋代的斗草和清代的斗草的细节可能有所不同,但大体上总差不多,可以参看。

斗草赢了邻居,使得这位少女充满了欢乐。她忽然想起:怪不得昨天晚上做了那样一个好梦,原来是今天斗草要赢的兆头啊!越想越高兴,脸上就显出得意的笑容来了。"笑从双脸生",将笑写得非常自然天真。这是少女的毫无做作的笑,从内心深处发出的笑。仅仅为着赢了斗草,就这么高兴,这也只有感情纯洁得像水晶一样的少女才会这样的。

下片人物的活动,主要是斗草,然而作者却有意避开了对于斗草场面的正面描写,而只写了人物在斗草前后的活动和心情,因为抒情诗并不是小说,更不是一本指导如何玩斗草游戏的书。这个道理不用多讲。

这首词纯用白描,展示了古代少女的纯洁心灵。笔调活泼,风格朴实,与主题相称。

# 欧阳修·一首

沈祖棻

### 踏莎行

候馆梅残，溪桥柳细。草薰风暖摇征辔。离愁渐远渐无穷，迢迢不断如春水。

寸寸柔肠，盈盈粉泪，楼高莫近危阑倚。平芜尽处是春山，行人更在春山外。

这首词写的是一个旅人在征途中的感受。上片写男性行者途中所见所感，下片写旅人想像中的女性居者对他的怀念。

它以对句开头。候馆，即旅舍。候馆、溪桥，点明征途；梅残、柳细，点明时令，在读者眼前展开了一片初春景色。

第三句接着仍然写了初春景色，春风已经是暖洋洋的，原野上的春草也散发着一阵阵的香气，而旅人却正在这么吸引人的环境之中，摇动着马缰，走上征途。这句承上启下，由春景过渡到离愁。江淹《别赋》："闺中风暖，陌上草薰。"上句属女性居者，下句属男性行者。此句用江赋而小变其意，将风暖、草薰都归之于行者中途所见。

四、五两句，接写中途所感。在这么美好的春光中，不能留在家乡，和爱人一起欣赏景物，却要跋涉长途，到遥远的地方去，怎么能够不引起离愁呢？马不停地走着，离家是愈来愈远了。路程，长了；时间，久了，是不是把离愁冲淡了一些呢？词人回答说：不。相反地，它却随着空间和时间的差距而更增加了。这离愁，正像沿途经过的河流。春水是那样的无穷无尽，永远不断，眼前所见与心中所感，真是再也没有这样吻合的了。抽象的感情，在词人笔下，变成了具体的形象，这就不但使人更容易感受，而且这种感受还极为亲切。

以流水与离愁关合，是词人们常用的一种表现方式。在欧阳修以前，则如南唐李中主《摊破浣溪沙》云："青鸟不传云外信，丁香空结雨中愁。回首绿波三峡暮，接天流。"在他以后，则如秦观《江城子》云："西城杨柳弄春柔。动离忧，泪难收……便做春江都是泪，流不尽，许多愁。"而李词浑朴，欧词真挚，秦词工巧，风格各异。至如南唐后主《虞美人》之"问君能有几多愁？恰似一江春水向东流"之启发了欧词，更属显而易见。

下片写行者自己感到离愁之无穷无尽，于是推想到居者也一定相同。她必然是痛心流泪，登高望远而产生如张先词中所写的那种"嘶骑渐遥，征尘不断，何处认郎踪"的感伤了。"楼高"以下三句，是行者心中设想的居者心里的话。她说：别上楼去靠着那高高的阑干痴望了吧！人已经走得太远，望不着了。能望到的，只不过是一片长满青草的平原，即使望到了草原的尽头，又还有春山挡住了视线，而人又还在春山之外，如何看得见呢？行者由自己的离愁推想到居者的离愁，又由居者有离愁而想到她会登高望远，想到她要登高望远而又迟疑不决。层层深入，有如剥蕉。

范仲淹《苏幕遮》云："山映斜阳天接水，芳草无情，更在斜阳外。"本词云："平芜尽处是春山，行人更在春山外。"一向被人认为是相类的名句。它们的特征在于，将情景融成一体，在想象中更进一层。斜阳已远，而芳草更在斜阳之外；春山已远，而行人更在春山之外，就更其令人不能为怀。与这种表现手法可以比较的，则是作家们有时又不从想象而从事实着笔。张潮《江南行》云："茨菰叶烂别西湾，莲子花开犹未还。妾梦不离江上水，人传郎在凤凰山。"刘采春《啰唝曲》云："那年离别日，只道住桐庐。桐庐人不见，今得广州书。"本以为他在江水边，谁知道却跑到凤凰山去了。本以为他在桐庐，想不到却从广州来了信。这，叫人的感情怎么追得上他的脚迹呢？一写想象，一写事实，但其由于景的扩大而增加了情的容量，则正相同。

读这首词，特别是下片，还应当参看梁元帝《荡妇秋思赋》。赋起云："荡子之别十年，倡妇之居自怜。登楼一望，惟见远树含烟。平原如此，不知道路几千？"下又云："妾怨回文之锦，君悲出塞之歌。相思相望，路远如何？"写法基本相同。只是景色春、秋各异；人物，词以男性行者为主，女性居者为宾，赋则主宾互易而已（荡妇是长期在外乡流浪的人的妻子，即荡子妇，不是风流放荡的妇人的意思）。然而词自是词，赋自是赋，细玩自知。

# 杜甫

闻一多

明吕坤曰:"史在天地,如形之景。人皆思其高曾也,皆愿睹其景。至于文儒之士,其思书契以降之古人,尽若是已矣。"数千年来的祖宗,我们听见过他们的名字,他们生平的梗概,我们仿佛也知道一点,但是他们的容貌、声音,他们的性情、思想,他们心灵中的种种隐秘——欢乐和悲哀,神圣的企望,庄严的愤慨,以及可笑亦复可爱的弱点或怪癖……我们全是茫然。我们要追念,追念的对象在哪里?要仰慕,仰慕的目标是什么?要崇拜,向谁施礼?假如我们是肖子肖孙,我们该怎样地悲恸,怎样地心焦!

看不见祖宗的肖像,便将梦魂中迷离恍惚的捕风捉影摹拟出来,聊当瞻拜的对象——那也是没有办法的慰情的办法。我给诗人杜甫绘这幅小照,是不自量,是渎亵神圣,我都承认。因此工作开始了,马上又搁下了。一搁搁了三年,依然死不下心去,还要赓续,不为别的,只还是不奈何那一点"思其高曾,愿睹其景"的苦衷罢了。

像我这回掮起的工作,本来应该包括两层步骤,第一是分析,第二是综合。近来某某考证,某某研究,分析的工作做得不少了;关于杜甫,这类的工作,据我知道的却没有十分特出的成绩。我自己在这里偶尔虽有些零星的补充,但是,我承认,也不是什么大发现。我这次简直是跳过了第一步,来径直做第二步;这样做法,是不会有好结果的,自己也明白。

好在这只是初稿,只要那"思其高曾,愿睹其景"的心情不变,永远那样地策励我,横竖以后还可以随时搜罗,随时拼补。目下我绝不敢说,这是真正的杜甫,我只说是我个人想象中的"诗圣"。

我们的生活如今真是太放纵了,太夸妄了,太杳小了,太龌龊了。因此我不能忘记杜甫;有个时期,华兹华斯也不能忘记弥尔敦(今译弥尔顿),他喊——

> Milton! thou shouldst be living at this hour:
> England hath need of thee: she is a fen
> of stagnant waters: alter sword, and pen,
> Fireside, the heroic wealth of hall and bower,
> Have forfeited their ancient English dower,
> Of in ward happiness, we are selfish men;
> Oh! raise us up, return to us again;
> And give us manners, virtue, freedom power.

一

当中一个雄壮的女子跳舞。四面围满了人山人海的看客。内中有一个四龄童子，许是骑在爸爸肩上，歪着小脖子，看那舞女的手脚和丈长的彩帛渐渐摇起花来了，看着，看着，他也不觉眉飞目舞，仿佛很能领略其间的妙绪。他是从巩县特地赶到郾城来看跳舞的。这一回经验定给了他很深的印象。下面一段是他几十年后的回忆：

> 㸌如羿射九日落，矫如群帝骖龙翔。
> 来如雷霆收震怒，罢如江海凝清光。
>
> （《观公孙大娘弟子舞剑器行》）

舞女是当代名满天下的公孙大娘。四岁（《少陵先生年谱会笺》中为六岁）的看客后来便成为中国有史以来第一个大诗人，四千年文化中最庄严、最瑰丽、最永久的一道光彩。四岁时看的东西，过了五十多年，还能留下那样活跃的印象，公孙大娘的艺术之神妙，可以想见，然而小看客的感受力，也就非凡了。

杜甫，字子美，生于唐睿宗先天元年（712 年），原籍襄阳，曾祖依艺做河南巩县县令，便在巩县住家了。子美幼时的事迹，我们不大知道。我们知道的是他母亲死得早，他小时是寄养在姑母家里。他自小就多病。有一天可叫姑母为难了。儿子和侄儿都病着，据女巫说，要病好，病人非睡在东南角的床上不可；但是东南角的床铺只有一张，病人却有两个。老太太居然下了决心，把侄儿安顿在吉利的地方，叫自家的儿子填了侄儿的空子。想不到决心下了，结果就来了。子美长大了，听见老家人讲姑母如何让表兄给他替了死，他一辈子觉得对不起姑母。

早慧不算稀奇；早慧的诗人尤其多着。只怕很少的诗人开笔开得像我们诗人那样有重大的意义。子美第一次破口歌颂的，不是什么凡物。这"七龄思即壮，开口咏凤凰"的小诗人，可以说，咏的便是他自己。禽族里再没有比凤凰善鸣的，诗国里也没有比杜甫更会唱的。凤凰是禽中之王，杜甫是诗中之圣，咏凤凰简直是诗人自占的预言。从此以后，他便常常以凤凰自比（《凤凰台》《赤凤行》便是最明白的表示）。

这种比拟，从现今这开明的时代看去，倒有一种特别恰当的地方。因为谈论到这伟大的人格，伟大的天才，谁不感觉寻常文字的无效？不，无效的还不只文字，你只顾呕尽心血来悬拟、揣测，总归是隔膜；那超人的灵府中的秘密，他的心情，他的思路，像宇宙的谜语一样，绝不是寻常的脑筋所能猜透的。你只懂得你能懂的东西。因此，谈到杜甫，只好拿不可思议的比不可思议的。

凤凰你知道是神话，是子虚，是不可能。可是杜甫那伟大的人格，伟大的天才，你定神一想，可不是太伟大了，伟大得可疑吗？上下数千年没有第二个杜甫（李白有他的天才，没有他的人格），你敢信杜甫的存在绝对可靠吗？一切的神灵和类似神灵的人物都有人疑过，荷马有人疑过，莎士比亚有人疑过，杜甫失了被疑的资格，只因文献，史迹，种种不容抵赖的铁证，一五一十，都在我们手里。

子美自弱冠以后，直到老死，在四方奔波的时候多，安心求学的机会很少。若不是从小用过一番苦功，这诗人的学力哪得如此的雄厚？生在书香门第，家境即使贫寒，祖藏的书籍总还够他餍饫的。从七八岁到弱冠的期间中,我们想象子美的生活,最主要的,不外作诗,作赋,读书,写擘窠大字……无论如何,闲游的日子总占少数(从七岁以后,据他自称,四十年中做了一千多首诗文,一千多首作品是要时候作的),并且多病的身体当不起剧烈的户外生活,读书学文便自然成了唯一的消遣。他的思想成熟得特别早,一半固由于天赋,一半大概也是孤僻的书斋生活酿成的。

在书斋里,他自有他的世界。他的世界是时间构成的;沿着时间的航线,上下三四千年,来往地飞翔,他沿路看见的都是圣贤、豪杰、忠臣、孝子、骚人、逸士——都是魁梧奇伟,温馨凄艳的灵魂。久而久之,他定觉得那些庄严灿烂的姓名和生人一般的实在,而且渐渐活现起来了,于是他看得见古人行动的姿态,听得到古人歌哭的声音。甚至他们还和他揖让周旋,上下议论,他成了他们其间的一员。于是他只觉得自己和寻常的少年不同,他几乎是历史中的人物,他和古人的关系比和今人的关系密切多了。他是在时间里,不是在空间里活着。他为什么不那样想呢?这些古人不是在他心灵里活动、血脉里运行吗?他的身体不是从这些古人的身体分泌出来的吗?

是的,那政事、武功、学术震耀一时的儒将杜预便是他的十三世祖;那宣言"吾文章当得屈、宋作衙官,吾笔当得王羲之北面"的著名诗人杜审言,便是他的祖父;他的叔父杜升是个为报父仇而杀身的十三岁的孝子;他的外祖母便是张说所称的那为监牢中的父亲"菲屦布衣,往来供馈,徒行赪色,伤动人伦"的孝女;他外祖母的兄弟,崔行芳,曾经要求给二哥代死,没有诏准，就同哥哥一起就刑了，当时称为"死悌"。你看他自己家里，同外家里，事业、文章、孝行、友爱——立德、立功、立言的人物这样多；他翻开近代的史乘，等于翻开自己的家谱。

这样读书，对于一个青年的身心，潜移默化的影响，定是不可限量的。难怪一般的少年，他瞧不上眼。他是一个贵族，不但在族望上，便论德行和智慧，他知道，也应该高人一等。所以他的朋友，除了书本里的古人，就是几个有文名的老前辈。要他同一般行辈相等的庸夫俗子混在一起，是办不到的。看看这一段文字（《壮游》），便可想见当时那不可一世的气概：

性豪业嗜酒，嫉恶怀刚肠。
脱略小时辈，结交皆老苍。
饮酣视八极，俗物皆茫茫。

子美所以有这种抱负，不但因为他的血缘足以使他自豪，也不仅仅是他不甘自暴自弃；这些都是片面的、次要的理由。最要紧的，是他对于自己的成功，如今确有把握了。崔尚、魏启心一般的老前辈都比他作班固、扬雄；他自己仿佛也觉得受之无愧。十四五岁的杜二，在翰墨场中，已经是一个角色了。

这时还有一件事也可以增长一个人的兴致。从小摆不脱病魔的纠缠，如今摆脱了。这件事竟许是最足令人开心的。因为毕竟从前那种幽闭的书斋生活不大自然，只因一个人缺欠了健康，身体失了自由，什么都没有办法。如今健康恢复了，有了办法，便尽量的追回以前的积欠，当然是不妨的，简直是应该的。

譬如院子里那几棵枣树，长得比什么树都古怪，都有精神，枝子都那样剑拔弩张地挺着，仿佛全身都是劲。一个人如今身体强了，早起在院子里走走，往往也觉得浑身是劲，忽然看见它们那挑衅的样子，恨不得拣一棵抱上去，和它摔一跤，决个雌雄。但是想想那举动又未免太可笑了。最好是等八月来，枣子熟了，弟妹们只顾要枣子吃；枣子诚然好吃，但是当哥哥的，尤其筋强力壮的哥哥，最得意的，不是吃枣子，是在那给弟妹们不断地供应枣子的任务。用竹篙子打枣子还不算本领。哥哥有本领上树，不信他可以试给他们看看。上树要上到最高的枝子，又得不让枣刺扎伤了手；脚得站稳了，还不许踩断了树枝；然后躲在绿叶里，一把把地洒下来；金黄色的，朱砂色的，红黄参半的枣子，花花刺刺地洒下来，得让孩子们抢都抢不赢。上树的技术练高了，一天可以上十来次，棵棵树都要上到。

最有趣的是在树顶上站直了，往下一望，离天近，离地远，一切都在脚下，呼吸也轻快了，他忍不住大笑一声；那笑里有妙不可言的胜利的庄严和愉快。便是游戏，一个人的地位也要站得超越一点，才不愧是杜甫。

健康既已经恢复了，年龄也渐渐大了，一个人不能老在家乡守着。他得看看世界。并且为自己创作的前途打算，多少通都广邑、名山大川，也不得不瞻仰瞻仰。

## 二

大约在二十岁左右，诗人便开始了他的漂流的生活。三十五以前，是快意的游览（仍旧用他自己的比喻），便像羽翮初满的雏凤，乘着灵风，踏着彩云，往濛濛的长空飞去。他胁下只觉得一股轻松，到处有竹实，有醴泉，他的世界是清鲜，是自由，是无垠的希望，和薛雷（雪莱）的云雀一般，他是：An unbodied joy whose race is just begun.

三十五以后，风渐渐尖峭了，云渐渐恶毒了，铅铁的穹窿在他背上逼压着，太阳也不见了，他在风雨雷电中挣扎，血污的翎羽在空中缤纷的旋舞；他长号，他哀呼，唱得越急切，节奏越神奇，最后声嘶力竭，他卸下了生命，他的挫败是胜利的挫败，神圣的挫败。他死了，他在人类的记忆里永远留下了一道不可逼视的白光；他的音乐，或沉雄，或悲壮，或凄凉，或激越，永远，永远是在时间里颤动着。

子美第一次出游是到晋地的郇瑕（今山西猗氏县），在那边结交的人物，我们知道的，有韦之晋。此后，在三十五岁以前，曾有过两次大举的游历：第一次到吴越，第二次到齐赵。两度的游历，是诗人创作生活上最需要的两种精粹而丰富的滋养。在家乡，一切都是单调，平凡，青的天笼盖着黄的地，每隔几里路，绿杨藏着人家，白杨翳着坟地，分布得驿站似的呆板。土人的生活也和他们的背景一样的单调。我们到过中州的人都知道那是个什么样的去处；大概从唐朝到现在是不会有多少进步的。

从那样的环境，一旦踏进山明水秀的江南，风流儒雅的江南，你可以想象他是怎样的惊喜。我们还记得当时和六朝，好比今天和昨日；南朝的金粉，王谢的风流，在那里当然还留着够鲜明的痕迹。江南本是六朝文学总汇的中枢，他读过鲍、谢、江、沈、阴、何的诗，如今竟亲历他们歌哭的场所，他能不感动吗？

何况重重叠叠的历史的舞台又在他眼前,剑池、虎丘、姑苏台、长洲苑、太伯的遗庙、阖闾的荒冢,以及钱塘、剡溪、鉴湖、天姥(山)——处处都是陈迹、名胜,处处都足以促醒他的回忆,触发他的诗怀。

我们虽没有他当时纪游的作品,但是诗人的得意是可以猜到的。美中不足的只是到了姑苏,船也办好了,都没有浮着海。仿佛命数注定了今番只许他看到自然的秀丽、清新的面相;长洲的荷香,镜湖的凉意和明眸皓齿的耶溪女……都是他今回的眼福;但是那瑰奇雄健的自然,须得等四五年后游齐赵时,才许他见面。

在叙述子美第二次出游以前,有一件事颇有可纪念的价值,虽则诗人自己并不介意。

唐代取士的方法分三种——生徒、贡举、制举。已经在京师各学馆或州县各学校成业的诸生,送来尚书省受试的,名曰生徒;不从学校出身,而先在州县受试,及第了,到尚书省应试的,名曰贡举。以上两种是选士的常法。此外,每多少年,天子诏行一次,以举非常之士,便是制举。

开元二十三年(736年),子美游吴越回来,挟着那"气劘屈贾垒,目短曹刘墙"的气焰应贡举,县试成功了,在京兆尚书省一试,却失败了。结果没有别的,只是在够高的气焰上又加了一层气焰。功名的纸老虎如今被他戳穿了。果然,他想,真正的学问,真正的人才,是功名所不容的。也许这次下第,不但不能损毁,反足以抬高他的身价。可恨的许只是落第落在名职卑微的考功郎手里,未免叫人丧气。当时士林反对考功郎主试的风潮酝酿得一天比一天紧,在子美"忤下考功第"的明年,果然考功郎吃了举人的辱骂,朝廷从此便改用侍郎主试。

子美下第后八、九年之间,是他平生最快意的一个时期,游历了许多名胜,接交了许多名流。可惜那期间是他命运中的朝曦,也是夕照,那几年的经历是射到他生命上的最始和最末的一道金辉;因为从那以后,世乱一天天的纷纭,诗人的生活一天天的潦倒,直到老死,永远闯不出悲哀、恐怖和绝望的环攻。但是末路的悲剧不忙提起,我们的笔墨不妨先在欢笑的时期多留连一会儿,虽则悲惨的下文早晚是要来的。

开元二十四、五年之间(737—738 年),子美的父亲——闲——在兖州司马任上,子美去省亲,乘便游历了兖州、齐州一带的名胜,诗人的眼界于是更加开扩了。这地方和家乡平原既不同和秀丽的吴越也两样。根据书卷里的知识,他常常想见泰山的伟大和庄严,但是真正的岱岳,那"造化钟神秀,阴阳割昏晓"的奇观,他没有见过。这边的湍流、峻岭、丰草、长林都另有一种他最能了解,却不曾认识过的气魄。在这里看到的,是自然的最庄严的色相。唯有这边自然的气势和风度,最合我们诗人的脾胃,因为所有磅礴郁结在他胸中的,自然已经在这景物中说出了;这里一丘一壑,一株树,一朵云,都能引起诗人的共鸣。

他在这里勾留了多年,直变成了一个燕赵的健儿,慷慨悲歌、沉郁顿挫的杜甫,如今发现了他的自我。过路的人往往看见一行人马,带着弓箭旗枪,驾着雕鹰,牵着猎狗,望郊野奔去。内中头戴一顶银盔,脑后斗大一颗红缨,全身铠甲,跨在马上的,便是监门胄曹苏预(后来避讳改名源明)。在他左首并辔而行的，装束略微平常，双手横按着长槊，却也是英风爽爽的一个丈夫，便是诗人杜甫。两个少年后来成了极要好的朋友。这回同着打猎的经验，子美永远不能忘记，后来还供给了《壮游》诗一段有声有色的文字：

> 春歌丛台上，冬猎青丘旁。
> 呼鹰皂枥林，逐兽云雪冈。
> 射飞曾纵鞚，引臂落鹜鸧。
> 苏侯据鞍喜，忽如携葛强。

原来诗人也学得了一手好武艺！

这时的子美，是生命的焦点，正午的日曜，是力，是热，是锋棱，是夺目的光芒。他这时所咏的《房兵曹胡马》和《画鹰》恰好都是自身的写照。我们不能不腾出篇幅，把两首诗的全文录下。

### 房兵曹胡马

> 胡马大宛名，锋棱瘦骨成。
> 竹批双耳峻，风入四蹄轻。
> 所向无空阔，真堪托死生。
> 骁腾有如此，万里可横行。

### 画鹰

> 素练风霜起，苍鹰画作殊。

> 拟身思狡兔，侧目似愁胡。
> 绦镟光堪擿，轩楹势可呼。
> 何当击凡鸟，毛血洒平芜！

这两首和稍早的一首《望岳》都是那时期里最重要的代表作品，实在也奠定了诗人全部创作的基础。诗人作风的倾向，似乎是专等这次游历来发现的；齐赵的山水，齐赵的生活，是几天的骄阳接二连三的逼成了诗人天才的成熟。

灵机既经触发了，弦音也已校准了，从此轻拢慢捻，或重挑急抹，信手弹去，都是绝调。艺术一天进步一天，名声也一天大一天。从齐赵回来，在东都（今洛阳）住了两三年，城南首阳山下的一座庄子，排场虽是简陋，门前却常留着达官贵人的车辙马迹。最有趣的是，那一天门前一阵车马的喧声，顿时老苍头跑进来报道贵人来了。子美倒屣相迎；一位道貌盎然的斑白老人向他深深一揖，自道是北海太守李邕，久慕诗人的大名，特地来登门求见。

北海太守登门求见，与诗人相干吗？世俗的眼光看来，一个乡贡落第的穷书生家里来了这样一位阔客人，确乎是荣誉，是发迹的吉兆。但是，诗人的眼光不同。他知道的李邕，是为追谥韦巨源事，两次驳议太常博士李处，和声援宋璟，弹劾谋反的张昌宗弟兄的名御史李邕——是碑版文字，散满天下，并且为要压倒燕国公的"大手笔"，几乎牺牲了性命的李邕——是重义轻财，卑躬下士的李邕。这样一位客人来登门求见，当然是诗人的荣誉；所以"李邕求识面"可以说是他生平最得意的一句诗。结识李邕在诗人生活中确乎要算一件有关系的事。李邕的交游极广，声名又大，说不定子美后来的许多朋友，例如李白、高适诸人，许是由李邕介绍的。

## 三

写到这里，我们该当品三通画角，发三通擂鼓，然后提起笔来蘸饱了金墨，大书而特书。**因为我们四千年的历史里，除了孔子见老子（假如他们是见过面的）没有比这两人的会面，更重大，更神圣，更可纪念的。我们再逼紧我们的想象，譬如说，青天里太阳和月亮走碰了头，那么，尘世上不知要焚起多少香案，不知有多少人要望天遥拜，说是皇天的祥瑞。如今李白和杜甫——诗中的两曜，劈面走来了，我们看去，不比那天空的异瑞一样的神奇，一样的有重大的意义吗？**所以假如我们有法子追究，我们定要把两人行踪的线索，如何拐弯抹角，时合时离，如何越走越近，终于两条路线会合交叉了——统统都记录下来。

假如关于这件事，我们能发现到一些翔实的材料，那该是文学史里多么浪漫的一段掌故！可惜关于李杜初次的邂逅，我们知道的一成，不知道的九成。我们知道天宝三载（744年）三月，太白得罪了高力士，放出翰林院之后，到过洛阳一次，当时子美也在洛阳。两位诗人初次见面，至迟是在这个当儿，至于见面时的情形，在什么时候，什么地方，也许是李邕的筵席上，也许是洛阳城内一家酒店里，也许……

但这都是可能范围里的猜想，真确的情形，恐怕是永远的秘密。

有一件事我们却拿得稳是可靠的。子美初见太白所得的印象，和当时一般人得的，正相吻合。司马子微一见他，称他"有仙风道骨，可与神游八极之表"。贺知章一见，便呼他作"天上谪仙人"，子美集中第一首《赠李白》诗，满纸都是企羡登真度世的话，假定那是第一次的邂逅，第一次的赠诗，那么，当时子美眼中的李十二，不过一个神采趣味与常人不同，有"仙风道骨"的人，一个可与"相期拾瑶草"的侣伴，诗人的李白没有在他脑中镌上什么印象。到第二次赠诗，说"未就丹砂愧葛洪"，回头就带着讥讽的语气问：

痛饮狂歌空度日，飞扬跋扈为谁雄？（《赠李白》）

依然没有谈到文字。约莫一年以后，第三次赠诗，文字谈到了，也只轻轻的两句"李侯有佳句，往往似阴铿"，不是什么了不得的恭维，可是学仙的话一概不提了。或许他们初见时，子美本就对于学仙有了兴味，所以一见了"谪仙人"，便引为同调；或许子美的学仙的观念完全是太白的影响。

无论如何，子美当时确是做过那一段梦——虽则是很短的一段——说"苦无大药资，山林迹如扫"；说"未就丹砂愧葛洪"。起码是半真半假的心话。东都本是商贾贵族蜂集的大城，廛市的繁华，人心的机巧，种种城市生活的罪恶，我们明明知道，已经叫子美腻烦、厌恨了；再加上当时炼药求仙的风气正盛，诗人自己又正在富于理想的、如火如荼的、浪漫的年华中——在这种情势之下，萌生了出世的观念，是必然的结果。

只是杜甫和李白的秉性根本不同：李白的出世，是属于天性的，出世的根性深藏在他骨子里，出世的风神披露在他容貌上；杜甫的出世是环境机会造成的念头，是一时的愤慨。两人的性格根本是冲突的。太白笑"尧舜之事不足惊"，子美始终要"致君尧舜上"。因此两人起先虽觉得志同道合，后来子美的热狂冷了，便渐渐觉得不独自己起先的念头可笑，连太白的那种态度也可笑了；临了，念头完全抛弃，从此绝口不提了。到不提学仙的时候，才提到文字，也可见当初太白的诗不是不足以引起子美的倾心，实在是诗人的李白被仙人的李白掩盖了。

东都的生活果然是不能容忍了，天宝四载（745年）夏天，诗人便取道如今开封归德一带，来到济南。在这边，他的东道主，便是北海太守李邕。他们常时集会、宴饮、赋诗，集会的地点往往在历下亭和鹊湖边上的新亭。在座的都是本地的或外来的名士；内中我们知道的还有李邕的从孙李之芳员外，和邑人蹇处士。竟许还有高适，有李白。

是年秋天太白确乎是在济南。当初他们两人是否同来的，我们不晓得；我们晓得他们此刻交情确是很亲密了，所谓"醉眠秋共被，携手日同行"便是此时的情况。

太白有一个朋友范十，是位隐士，住在城北的一个村子上。门前满是酸枣树，架上吊着碧绿的寒瓜，瀹瀹的白云镇天在古城上闲卧着——俨然是一个世外桃源；主人又殷勤；太白常常带子美到这里喝酒、谈天。

星光隐约的瓜棚底下，他们往往谈到夜深人静，太白忽然对着星空出神，忽然谈起从前陈留采访使李彦如何答应他介绍给北海高天师学道箓,话说过了许久,如今李彦许早忘记了,他可是等得不耐烦了。子美听到那类的话,只是唯唯否否;直等话头转到时事上来,例如贵妃的骄奢,明皇的昏聩,以及朝里朝外的种种险象,他的感慨才潮水般的涌来。两位诗人谈着话,叹着气,主人只顾忙着筛酒,或许他有意见不肯说出来,或许压根儿没有意见(原载《新月》第一卷第六期,原文到此为止——编者注)。